Essentials liefern aktuelles Wissen in konzentrierter Form. Die Essenz dessen, worauf es als „State-of-the-Art" in der gegenwärtigen Fachdiskussion oder in der Praxis ankommt. Essentials informieren schnell, unkompliziert und verständlich.

- als Einführung in ein aktuelles Thema aus Ihrem Fachgebiet
- als Einstieg in ein für Sie noch unbekanntes Themenfeld
- als Einblick, um zum Thema mitreden zu können

Die Bücher in elektronischer und gedruckter Form bringen das Expertenwissen von Springer-Fachautoren kompakt zur Darstellung. Sie sind besonders für die Nutzung als eBook auf Tablet-PCs, eBook-Readern und Smartphones geeignet.

Essentials: Wissensbausteine aus den Wirtschafts, Sozial- und Geisteswissenschaften, aus Technik und Naturwissenschaften sowie aus Medizin, Psychologie und Gesundheitsberufen. Von renommierten Autoren aller Springer-Verlagsmarken.

Anabel Ternès · Ian Towers · Marc Jerusel

Konsumentenverhalten im Zeitalter der Digitalisierung

Trends: E-Commerce, M-Commerce und Connected Retail

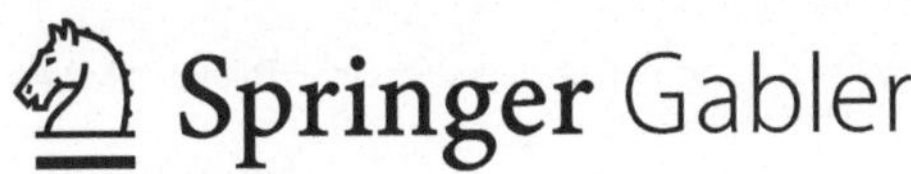

Prof. Dr. Anabel Ternès
Institut für Nachhaltiges Management
Berlin
Deutschland

Prof. Dr. Ian Towers
Institut für Nachhaltiges Management
Berlin
Deutschland

Marc Jerusel
Zucker. Kommunikation GmbH
Berlin
Deutschland

ISSN 2197-6708
essentials
ISBN 978-3-658-09399-0
DOI 10.1007/978-3-658-09400-3

ISSN 2197-6716 (electronic)

ISBN 978-3-658-09400-3 (eBook)

Die Deutsche Nationalbibliothek verzeichnet diese Publikation in der Deutschen Nationalbibliografie; detaillierte bibliografische Daten sind im Internet über http://dnb.d-nb.de abrufbar.

Springer Gabler

Gedruckt auf säurefreiem und chlorfrei gebleichtem Papier

Springer Fachmedien Wiesbaden ist Teil der Fachverlagsgruppe Springer Science+Business Media
(www.springer.com)

Was Sie in diesem Essential finden können

- Einen Überblick über aktuelle Trends im Privatkonsum auf Grundlage tiefgehender Medienrecherche und Experteninterviews.
- Kompakte Informationen über den Einfluss der Digitalisierung auf das Zusammenspiel von Onlinehandel und stationärem Handel.
- Anschauliche Praxisbeispiele aus Konsumgüterindustrie und Einzelhandel.
- Eine Zusammenstellung möglicher Konsummuster im Deutschland der kommenden zehn Jahre.

Inhaltsverzeichnis

1.1 Vom Tod des Einzelhandels

Das langsame Sterben des Einzelhandels ist ein gerne verwendetes Bild, wenn es darum geht, die Auswirkungen des Onlinehandels auf den stationären Handel, wie beispielsweise ein Ladengeschäft, zu beschreiben (Abb. 1.1).

Stefan Locke (2013) berichtete in der „Frankfurter Allgemeinen Zeitung" von sterbenden Innenstädten, in denen kaum ein Einzelhändler mehr etwas verdient. „Laufkundschaft wie früher, die hier lang bummelte und spontan kaufte, gibt's nicht mehr", erklärt Thomas Wagner, ein Sportwarenhändler aus dem sächsischen Zittau. In den 1990er Jahren hätte es in Zittau noch vier Sportwarengeschäfte gegeben. Heute gäbe es nur noch zwei, „und die kämpfen ums Überleben", so Wagner.

Auch die Tageszeitung „DIE WELT" berichtete bereits mit der Überschrift „Überleben im Zeitalter des Internets" vom Aussterben des Einzelhandels und interviewte dabei drei Geschäftsleute aus Ottensen (Wenig 2014). Auf die Frage, ob das Internet Gefahr oder Chance für ihre Buchhandlung sei, antwortet Nicole Christiansen:

> Natürlich bedroht das Internet unser Geschäft. Im Netz bin ich nur einen Klick von meinem gewünschten Buch entfernt. Die Parkplatzsituation vor unserem Geschäft ist dagegen katastrophal. Zudem habe ich etwa 10.000 Bücher auf Lager, bei Amazon gibt es fast jedes gewünschte Werk. Doch das Internet ist auch eine Chance. Es animiert uns jeden Tag, unser Profil zu schärfen, unsere Serviceleistungen zu verbessern.

© Springer Fachmedien Wiesbaden 2015

A. Ternès et al., *Konsumentenverhalten im Zeitalter der Digitalisierung,* essentials,

DOI 10.1007/978-3-658-09400-3_1

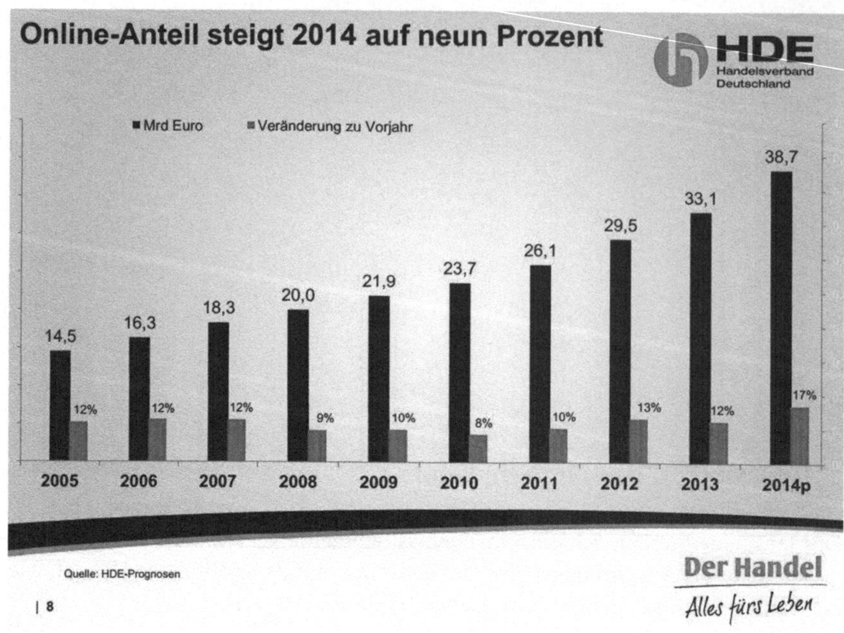

Abb. 1.1 Deutscher Handelskongress 2014 – „Der Handel bleibt, aber anders." (Fuhrmann 2014)

Christiansen empfindet das Internet damit keineswegs ausschließlich als Gefahr. In der Tat werden gerade die Service-Kompetenz stationärer Einzelhändler sowie die Möglichkeit, jeweilige Ladenprofile genau auf die tatsächliche Kundschaft vor Ort anzupassen, als Chancen gewertet, um der scheinbaren Übermacht des Onlinehandels Paroli bieten zu können.

Dennoch führen die durch die Digitalisierung vorangetriebenen strukturellen Veränderungen im gesellschaftlichen Alltag seit mehreren Jahren zu einer stetigen Verlagerung der Handelsumsätze vom stationären Einzelhandel ins Onlinegeschäft. 2013 wurden in Deutschland 39,1 Mrd. € im Onlinehandel umgesetzt, was einem Zuwachs von etwa 42 % im Vergleich zum Vorjahr entspricht. Der Anteil des im Onlinehandel generierten Umsatzes am Einzelhandel betrug 2013 11,1 % nach 9,4 % im Vorjahr (Hansen 2014). Doch wird diese Entwicklung am Ende tatsächlich dazu beitragen, dass Verbraucher in einigen Jahrzehnten ausschließlich online konsumieren und die Angst vieler stationärer Einzelhändler vor dem Aussterben ihrer Zunft Realität wird? Ist die Trennung von Online- und Offlinekonsum überhaupt noch sinnvoll, oder sollte der Fokus nicht vielmehr auf die Synergien zwischen beiden „Handelswelten" gelegt werden?

Das vorliegende Essential strebt an, diese Fragen mithilfe einer Untersuchung aktueller Trends der Handels- und Konsumgüterindustrie genauer zu überprüfen. Zu dem breitgefächerten Thema „Konsum der Zukunft" bestehen dabei bereits einige, mitunter recht spezifische Studien. Ein Teil der Studien geht auf Untersuchungen namhafter Unternehmen aus Wirtschaftsberatung und Konsumgüterindustrie selbst zurück. Ein Beispiel stellt die Analyse zur „Zukunft des Handels" von Deloitte (2012) im Auftrag von eBay dar, welche einen Hauptfokus auf die Untersuchung des Zusammenspiels von stationärem Handel und Onlinehandel legt. Teile der in entsprechenden Studien gewonnenen Erkenntnisse fließen in die vorliegende Untersuchung mit ein. Im Sinne der Wissenschaftlichkeit wird jedoch beachtet, dass hinter jeder Studie in der Regel auch ein Eigeninteresse ihrer Auftraggeber liegt. Broschüren mit der Dokumentation selbst durchgeführter Studien dienen Beratungsunternehmen etwa dienen üblicherweise dazu, neue Kunden zu generieren.

Der Zukunftsbezug des vorliegenden Themas bedingt, dass bis dato kaum wissenschaftliche Publikationen über mögliche Konsummuster *von morgen* erschienen sind. Eine weitere Quelle für die aktuelle Untersuchung stellen daher überwiegend Onlineartikel einschlägiger Medien und Onlineportale dar. Darüber hinaus wurden Christian Rätsch, Geschäftsführer des Agenturnetzwerks Saatchi & Saatchi, Mark Sievers, Head of Consumer Markets der KMPG, sowie Jan-Hendrik Hammer, Mitarbeiter am Karlsruher Institut für Technologie, interviewt. Einzelne ihrer Aussagen fließen in die vorliegende Untersuchung ein; eine Lektüre der im Anhang beigefügten Interviews bietet jedoch tiefere Einblicke in die Themenfelder Digitalisierung, Connected Retail, Augmented Reality und weitere Trends, die den Privatkonsum künftig prägen könnten.

1.2 Methodischer Hintergrund

Die folgende Untersuchung stützt sich vor allem auf Trends, ein Begriff, der in letzter Zeit allerdings geradezu überstrapaziert zu sein scheint. Trends existieren in etlichen Bereichen und Varianten und bestimmen so den Alltag scheinbar jeder Konsumgüterbranche genauso stark wie den der Konsumenten. Die Mode- oder Floristik-Branche beispielsweise orientiert sich Saison für Saison an den sogenannten Trendfarben von PANTONE. In der Reiseindustrie scheint es gerade in der jüngeren Generation immer mehr zum Trend zu werden, als Couchsurfer auf dem Sofa Einheimischer zu übernachten. Und schließlich zeigt gerade die Musikbranche, wie schnell sich neue Trends entwickeln – ob über klassische Medien wie das Radio oder über soziale Netzwerke wie SoundCloud. Trends werden zunehmend mit Technologie in Verbindung gebracht (Abb. 1.2).

Die beinahe inflationäre Verwendung des Begriffes wirft die Frage auf, was einen Trend eigentlich ausmacht. Horx (2010a, S. 1), einer der bekanntesten Trendforscher Deutschlands, bezeichnet einen Trend als Veränderungsbewegung und Wandlungsprozess. An diesen Begrifflichkeiten wird die zeitliche Komponente von Trends deutlich: Als gegenwärtige Prozesse transformieren Trends Zustände der Vergangenheit und verweisen gleichzeitig auf deren zukünftige Beschaffenheit. Im Sinne von Veränderungsbewegungen bekommen Trends zudem eine soziale Komponente, indem sie von Individuen bzw. ganzen Gruppen getragen werden und sich so entweder immer weiter in die Mitte der Gesellschaft ausbreiten oder schnell wieder verpuffen.

Seine Virulenz rückte den Trendbegriff auch in den Fokus der Wissenschaft. Als Trendforschung versteht Horx (2010b, S. 1) die Analyse von Trends als „Instrument zur Beschreibung von Veränderungen und Strömungen in allen Bereichen der Gesellschaft". Für Pfadenhauer (2004, S. 2) umfassen die zentralen Aufgaben der Disziplin alle Aktivitäten, „die auf die (Früh-)Erkennung, Benennung und Bewertung sozialer und kultureller Entwicklungen bzw. Veränderungen abzielen". Vor diesem Hintergrund weist die Forschungsrichtung für Pfadenhauer (2004, S. 3 f.) eine Nähe zur Zukunftsforschung auf. Zwei Hauptprämissen von Zukunftsforschern sollten dabei ebenfalls für Trendforscher von zentraler Bedeutung sein: zum einen die stets vorhandene Möglichkeit verschiedener „Zukünfte", zum anderen aber auch die Annahme, dass Zukunft nicht vollständig bestimmbar ist (Pfadenhauer 2004, S. 3 f.). Denn auch Trends zielen lediglich auf einen von mehreren möglichen zukünftigen Zuständen ab, sind jedoch aufgrund ihres Bezugs zur Gegenwart in gewisser Weise auch greifbar.

Entgegen der häufig geäußerten Kritik an Trendforschungsprojekten (Rust 2010, S. 11 f.) untersucht das vorliegende Essential das Thema Konsumentenverhalten unabhängig von wirtschaftlichen oder politischen Interessen. Dies geschieht nicht unter der Prämisse, als absolut geltende Konsumtrends festzuhalten, sondern lediglich mit dem Ziel, einen Status quo sich bereits abzeichnender Konsumtrends zusammenzutragen. Hierfür wurde die wesentliche Recherchearbeit im Internet unternommen, was allerdings nicht zuletzt an der Aktualität des Themas liegt. Vielerlei Trendaspekte sind in ihrer Entwicklung noch nicht ausreichend fortgeschritten, als dass sie bereits ihren Weg in entsprechende Sekundärliteratur gefunden hätten.

Dadurch, dass Trends immer einen direkten Bezug zur Zukunft aufweisen, besitzen verschiedene Betrachter unterschiedliche Einschätzungen über deren

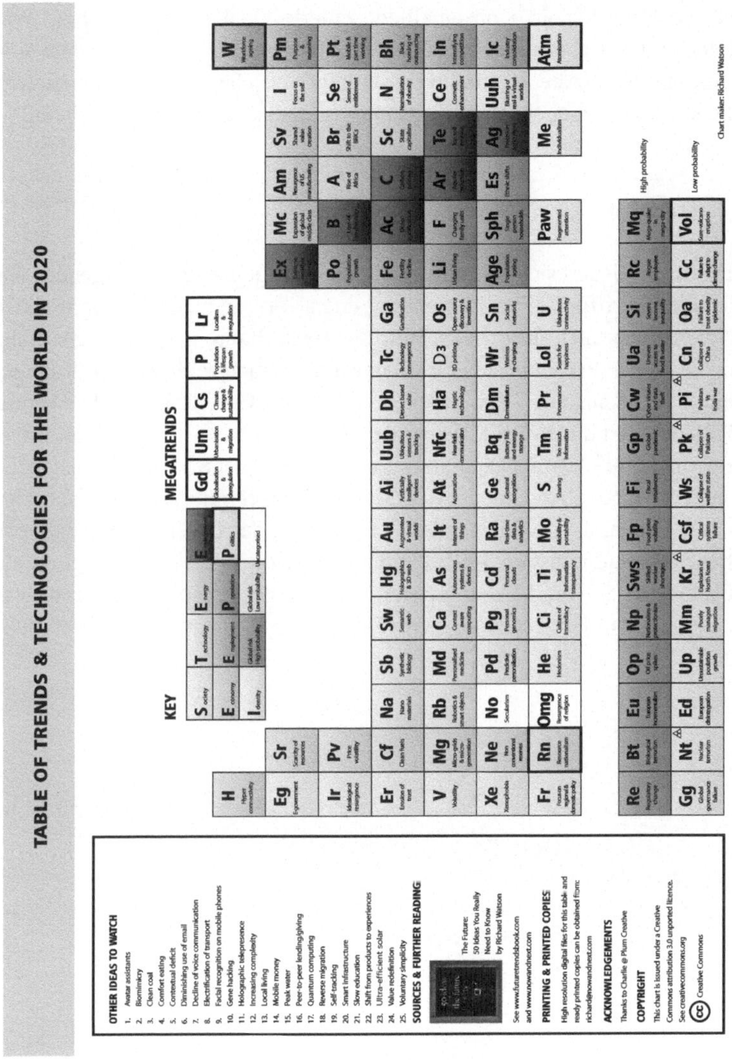

Abb. 1.2 Trends und Technologien für die Welt im Jahr 2020. (Watson 2014)

zukünftige Relevanz im Konsumalltag. Zitierte Quellen sowie eigene Wertungen können daher ebenso nicht als absolut gelten: Im Gegenteil versteht sich das Essential als temporäre Diskussionsgrundlage, welche versucht, die zahlreichen möglichen Ausprägungen neuer Konsummuster anschaulich zu illustrieren.

1.3 Aufbau

Das Essential gliedert sich in drei wesentliche Komponenten. Im folgenden Kapitel werden die Begrifflichkeiten „Konsums" und „Konsummuster" geklärt; außerdem dient dieser überblicksartige Abschnitt der Betrachtung gegenwärtiger Rahmenbedingungen des Privatkonsums in Deutschland. Im anschließenden Kapitel werden aktuelle Trends aus Technologie, Handel und Gesellschaft näher betrachtet. Der Schwerpunkt dieses Werkes liegt dabei auf dem Bereich der „Hybridisierung" mit einem Hauptfokus auf dem künftigen Zusammenspiel von Onlinehandel und stationärem Handel. Abgerundet wird dieser Querschnitt von einem abschließenden Fazit, in dem die grundlegenden Erkenntnisse der Untersuchung zu mehreren möglichen Konsummustern der Zukunft aggregiert werden. Daraus ergibt sich eine begrenzte Auswahl von Konsummustern, welche genügend Spielraum für weitere Diskussionen und Untersuchungen im Bereich der „Konsummuster von morgen" bietet.

Rahmenbedingungen des Privatkonsums in Deutschland 2

Noch vor wenigen Jahrzehnten fand Konsum fast ausschließlich im stationären Einzelhandel statt, also beispielsweise beim Fleischer um die Ecke oder in der Ladenmeile im Stadtzentrum. Beim Online-Shopping hingegen sind Konsumenten weder an einen festen Ort noch an feste Öffnungszeiten gebunden. Mit der zunehmenden Digitalisierung der Gesellschaft werden die Menschen unabhängiger und damit freier in ihrer Entscheidung, wo, wann und was sie konsumieren.

Diese Beobachtung kann als typisches Beispiel für ein Konsummuster interpretiert werden, wie sie im vorliegenden Werk erarbeitet werden sollen. Konsummuster bezeichnen damit eine bestimmte Art und Weise des Konsumierens, die sich in einzelnen Gesellschaftsgruppen bis hin zur Masse der Gesellschaft widerspiegelt. „Konsum" als Oberbegriff umfasst „die Inanspruchnahme von Gütern und Dienstleistungen zur unmittelbaren Bedürfnisbefriedigung durch private oder öffentliche Haushalte" (Bundeszentrale für politische Bildung 2013), wobei sich das vorliegende Essential ausschließlich mit Konsumausgaben privater Haushalte beschäftigt.

Von Konsum spricht man also beispielsweise dann, wenn ein zehnjähriger Junge sich von seinem monatlichen Taschengeld eine Kugel Eis kauft, weil er Hunger hat, aber auch, wenn sich ein Rentnerehepaar einen Neuwagen kauft, um mobil zu bleiben. Konsum ist dabei eng verbunden mit dem Lebensstil von Individuen oder gesellschaftlichen Gruppen, da Konsum stets auch Ausdruck einer bestimmten Lebensgestaltung ist und damit auch immaterielle Bedürfnisse, wie etwa Mobilität, Schönheit oder Bildung, befriedigt.

Der Privatkonsum ist stets abhängig von vielseitigen Entwicklungen innerhalb der Gesellschaft. Ein Beispiel hierfür ist die Diskussion um den Klimawandel. Ein

© Springer Fachmedien Wiesbaden 2015

A. Ternès et al., *Konsumentenverhalten im Zeitalter der Digitalisierung*, essentials,
DOI 10.1007/978-3-658-09400-3_2

großer Teil der für die Erderwärmung ursächlichen Treibhausgase entsteht in Folge der Tierhaltung für den Fleischkonsum der Menschen weltweit (Endres 2012). Konsumenten, die großen Wert auf Nachhaltigkeit legen, achten daher häufig verstärkt darauf, ihren ökologischen Fußabdruck zu minimieren. Die nachfolgenden Trends stehen skizzenhaft und exemplarisch für gesellschaftliche Prozesse, welche die Art und Weise, wie wir konsumieren, in Hinblick auf das vorliegende Thema prägen könnten.

Demografischer Wandel Deutschland altert, oder, wie es Mark Sievers etwas pointiert formuliert: „Wir werden immer weniger!" Grundsätzliche Ursachen hierfür sind der Geburtenrückgang im Deutschland, die steigende Lebenserwartung der Menschen sowie die Alterung der sogenannten „Baby Boomer"-Generation, welche nun verstärkt das Rentenalter erreicht (Abb. 2.1).

Die Statistischen Ämter des Bundes und der Länder (2011) rechnen für das Jahr 2030 nur noch mit 12,9 Mio. Unter-20-Jährigen – ein Rückgang von 17 % gegenüber 2008 (damals waren es 15,6 Mio.). Dagegen wird die Zahl der Über-65-Jährigen bis 2030 um rund ein Drittel von 16,7 auf 22,3 Mio. Menschen steigen.

Die Alterung unserer Gesellschaft führt zu einer veränderten Situation für Konsumgüterindustrie und Einzelhandel, die sich bislang häufig auf die Zielgruppe der 14- bis 49-Jährigen fokussierten. „DIE WELT" bringt dies mit der Überschrift „Oma und Opa sind die Zukunft des Einzelhandels" zugespitzt auf den Punkt (Wickel 2013). Gerade stationäre Einzelhändler sollten demnach verstärkt versuchen, ihre Ladenflächen generationenfreundlich zu gestalten.

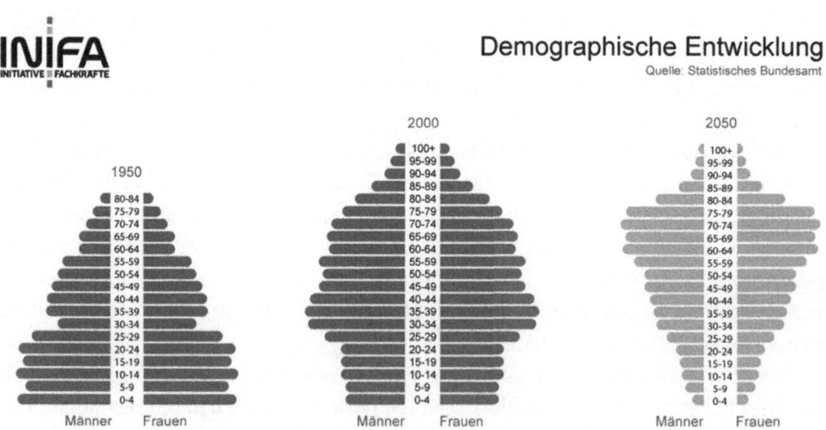

Abb. 2.1 Demografische Entwicklung in Deutschland. (Inifa 2014)

Wachsende Preissensitivität Das aller Voraussicht nach sinkende Konsumniveau künftiger Generationen sowie die Erfahrungen aus den Finanzmarktkrisen der vergangenen Jahre lassen bereits erahnen, dass Konsumenten in Zukunft stärker auf das Preis-Leistungs-Verhältnis zu erwerbender Waren achten werden. Wachsende Preissensitivität und sinkendes Konsumniveau werden wohl dazu führen, dass sich Konsumenten verstärkt auf Konsumgüter konzentrieren, die sie auch tatsächlich brauchen (must-haves). Aus diesem Grunde werden beispielsweise Hersteller von Unterhaltungselektronik und Haushaltswaren stärker von der zunehmenden Preissensitivität der Konsumenten betroffen sein als beispielsweise Nahrungs- und Getränkehersteller (Beitel et al. 2012, S. 19 f.).

Globalisierung Auch die Globalisierung beeinflusst zunehmend die Art und Weise des Privatkonsums, was vor allem auf die immer stärkeren Verflechtungen zwischen einzelnen Ländermärkten zurückzuführen ist (Abb. 2.2).

Zum Beispiel ist es gerade Konsumenten mit Internetzugang möglich, eigenständig Waren aus anderen Ländern und damit unabhängig vom lokalen Produktmarkt zu erwerben. Der resultierende Anstieg globaler Warenströme sowohl zwischen Handel und Konsument als auch zwischen einzelnen Händlern und Produzenten führt zu einer immer stärkeren Abhängigkeit zwischen den Volkswirtschaften.

Die zunehmende Verflechtung ganzer Kulturen führt zu einem immer selbstverständlicheren Nebeneinander und Miteinander von Produkten aus verschiedenen

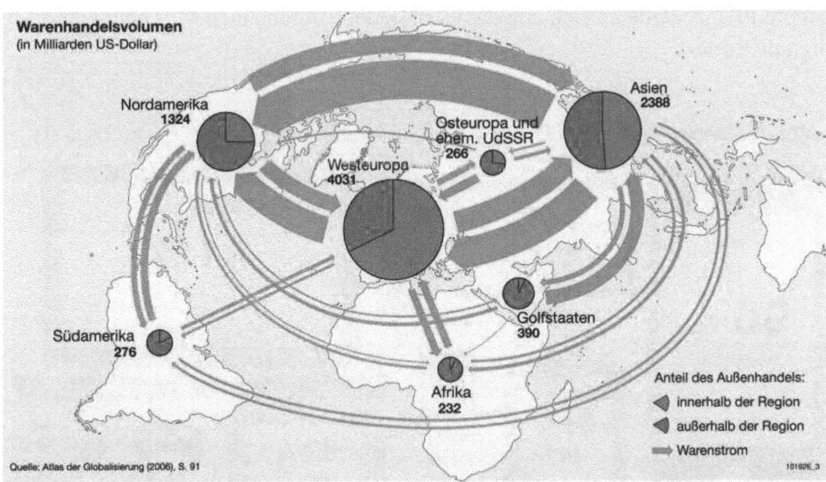

Abb. 2.2 Warenhandelsvolumen weltweit. (Atlas der Globalisierung 2006)

Weltregionen. Zum Beispiel bieten auch deutsche Supermarktketten inzwischen häufig asiatische Produkte an, die mittlerweile fast ebenso selbstverständlich zum Produktangebot gehören, wie die Waren von Markenherstellern aus „westlichen" Industrienationen. Dabei muss Globalisierung nicht zwangsläufig zur Verdrängung von Produkten lokaler Hersteller aus den Warenregalen führen, wie das zunehmende Konsumenteninteresse an regionalen Lebensmitteln zeigt. In diesem Sinne sprechen viele heute nicht mehr von einer Globalisierung, sondern vielmehr von einer Mischform aus Globalisierung und Lokalisierung („Glokalisierung", Bundeszentrale für politische Bildung 2011).

Digitalisierung Das Internet scheint inzwischen so allumfassend, dass es kaum einen Lebensbereich mehr zu geben scheint, der hiervon unangetastet bleibt (Abb. 2.3).

Inzwischen wurde sogar eine Möglichkeit entwickelt, wie Topfpflanzen per Mikrochip Informationen über ihre aktuellen Lebensbedingungen an das Mobilgerät ihres Besitzers senden können. Pflanzenbesitzer wissen dann genau, wann ihre Lieblingspflanze zum nächsten Mal gegossen werden sollte (Gemalto 2014).

Christian Rätsch spricht in diesem Kontext auch von einer Digitalisierung des Alltags. Ursprünglich zielt der Begriff Digitalisierung auf die Umwandlung analoger Signale in digitale Signale ab. Spricht Rätsch jedoch von einer „digitalen Seele", die in immer mehr Dinge des Alltags einfließt, so meint er nicht die Umwandlung analoger Gegenstände in digitale, sondern vielmehr die Anreicherung dieser um eine zusätzliche digitale Dimension. So ist beispielsweise auch die genannte Pflanzenerde an sich analog, erhält jedoch durch einen Mikrochip eine Art digitale Seele.

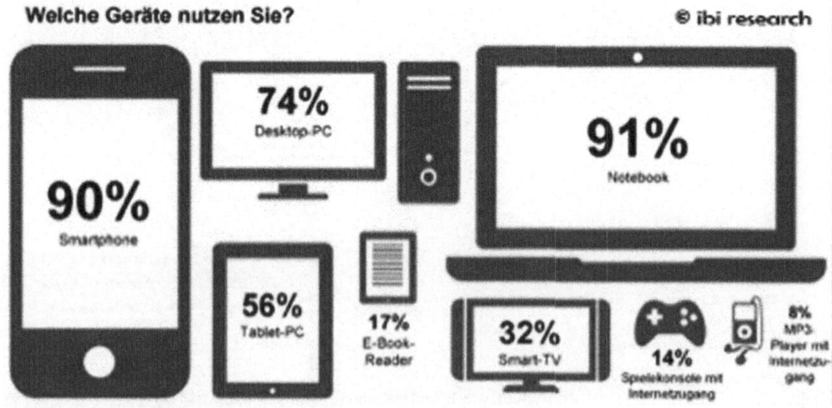

Abb. 2.3 Digitalisierung der Gesellschaft. (ibi research 2014)

Seit seinem Bestehen durchlief das Internet bereits tiefgehende Veränderungen. Eine der gravierendsten liegt für Rätsch in der Tatsache, dass das Internet heute längst nicht mehr an einen PC gebunden ist, sondern dank mobiler Datennetze immer stärker auf die Straße rückt. Als „Outernet" trägt es damit immer stärker dazu bei, dass die Trennung zwischen Digitalem und Analogem immer unschärfer wird und im Grunde nicht mehr existiert. Vielmehr, so Rätsch, wird die Dichotomie des Begriffspaars von einem hybriden Zustand beider Sphären abgelöst, wie sie auch der junge polnische Autor Piotr Czerski (2012) in seinem Essay „Wir, die Netz-Kinder" beschreibt.

Ähnlich wie die Erfindung der Dampfmaschine, des Radios oder des ersten Computers stellt die Verbreitung des Internets einen Quantensprung dar, der nach Rätsch auch die Gesellschaft auf eine neue Ebene katapultiert. Die enorme Geschwindigkeit jedoch, mit der die digitale Seele Einzug in unseren Alltag hält, ist historisch gesehen kaum vergleichbar und löst deshalb oftmals gerade innerhalb der älteren Generation mitunter ein Gefühl der Überforderung aus. Die Dynamik dieser Entwicklung erfordert nach Rätsch deshalb eine schrittweise Konditionierung von Mensch und Gesellschaft.

Schon jetzt verändert die Digitalisierung auch die Art und Weise, wie wir konsumieren. Mark Sievers spricht in diesem Zusammenhang von einer „Entstrukturierung des Alltags". Dieser Begriff zielt darauf ab, dass Verbraucher mit Internetzugang zum einen nicht mehr auf die Öffnungszeiten des Einzelhandels angewiesen sind, um ihre Einkäufe zu tätigen. Zum anderen müssen sich Konsumenten nicht mehr in entsprechende Ladengeschäfte bewegen, um einzukaufen, sondern finden im Internet ein scheinbar unbegrenztes Angebot an Waren vor, aus dem sie wählen können. Konsum kann also dort geschehen, wo sich Konsumenten mit dem Internet verbinden können – in Zeiten mobiler Datenverbindungen quasi fast überall.

Eng verbunden mit der Verbreitung des Internets ist die zunehmende Nutzung sozialer Netzwerke und von Bewertungsplattformen, in denen Kunden ihre Kritik gegenüber Unternehmen und Produkten öffentlich für jeden einsehbar ausdrücken können. Diese beeinflussen Kunden genauso wie Social-Media-Kampagnen von Unternehmen aktiv in ihrer Kaufentscheidung, da das Internet inzwischen eine der zentralen Recherchemedien für Konsumenten darstellt: 91 % der Verbraucher haben bereits einmal im Internet nach Inspiration für ihren Einkauf gesucht (Zukunft des Handels/Inspiration 2012). Für Verkäufer und Unternehmen besteht dadurch die Herausforderung, im Internet möglichst transparent Informationen über ihre Produkte zur Verfügung zu stellen.

Die Digitalisierung verändert den täglichen Konsum demnach nicht nur auf direkte Art und Weise, indem Einkäufe zunehmend zeit- und ortsabhängig geschehen können, sondern auch indirekt über die Verbreitung von Trends und Markenbotschaften über soziale Netzwerke und Onlinekampagnen. Die „digitale Seele" gehört damit zu den Haupteinflussfaktoren auf die Art und Weise, wie wir konsumieren, und wird mit großer Wahrscheinlichkeit auch die Konsummuster von morgen weiter verändern, was sich auch im Zusammenspiel von stationärem Einzelhandel und Onlinehandel zeigen könnte, auf das im folgenden Kapitel genauer eingegangen wird.

Hybridisierung: Stationärer Handel und E-Commerce

3

Der dynamische Zuwachs online generierter Umsätze in der Einzelhandelsbranche ist u. a. darauf zurückzuführen, dass das Shoppen im Internet viele Vorteile für Verbraucher mit sich bringt, wie beispielsweise, Produkte bequem von zu Hause aus bestellen zu können. Es existieren jedoch durchaus auch Punkte, die Konsumenten dabei negativ aufstoßen: 59 % der Konsumenten geben an, vom Produktangebot im Internet schon einmal überfordert gewesen zu sein (Zukunft des Handels/Inspiration 2012). Ein kompetenter Verkäufer könnte diesem Gefühl dagegen mit Leichtigkeit Abhilfe schaffen, doch diese menschliche Service- und Beratungskompetenz ist bis dato überwiegend dem stationären Einzelhandel vorbehalten, sieht man einmal von Live-Chat-Angeboten ab.

Unterschiede zwischen Online- und stationärem Handel bestehen außerdem im Konsumerlebnis der Verbraucher. Das Shoppen mit Freunden in modernen Einkaufspassagen, das sich meistens mit einem gemeinsamen Kaffee oder einem Kinobesuch verbinden lässt, bleibt ebenso dem stationären Einzelhandel vorbehalten. Zwar versuchen Onlinehändler mithilfe ansprechend gestalteter Web-Shops, das Einkaufen online so aufregend wie möglich zu gestalten; auch werden gelieferte Pakete mittlerweile häufig so gestaltet, dass das Empfangen und Öffnen der Päckchen das Konsumerlebnis auf der Straße teilweise ersetzen soll. In seiner Breite wird es dem Online-Store jedoch wohl in naher Zukunft kaum gelingen, das Einkaufen derartig als Event gestalten, wie es dem stationären Einzelhändler möglich ist.

© Springer Fachmedien Wiesbaden 2015
A. Ternès et al., *Konsumentenverhalten im Zeitalter der Digitalisierung,* essentials,
DOI 10.1007/978-3-658-09400-3_3

3.1   Weitere Entstrukturierung durch neue Liefermodelle

Ein scheinbar unlösbarer Nachteil des Onlinehandels liegt in den logistisch bedingten Zeitabständen zwischen Bestellung und Lieferung sowie den anfallenden Versandkosten. Derweil gehören schnelle Lieferzeiten und günstige Versandkosten zu den zentralen Ansprüchen der Verbraucher: 59 % würden öfter Waren mobil oder online bestellen, wenn sie ihre Lieferung noch am selben Tag erhalten würden (Zukunft des Handels/Logistik 2012). 45 % würden dasselbe tun, wenn sie hierfür keine Versandkosten bezahlen müssten (Zukunft des Handels/Erwartungen 2012). Geschäftsmodelle wie Zalando, wo Kunden keinerlei Versandkosten zahlen müssen, scheinen demnach ganz im Sinne der Konsumenten zu sein.

Gerade Logistikunternehmen profitieren ungemein vom zunehmenden Onlinegeschäft, sind sie es doch, welche die bestellten Waren am Ende auch zuliefern. Kein Wunder, dass beispielsweise die DHL, aber auch Einzelhändler wie Amazon, Walmart oder eBay derzeit in einzelnen Projekten taggleiche Lieferungskonzepte erproben. Morgens ein Kleid zu bestellen und es abends auf einer Gala anziehen zu können, soll mithilfe von „Same-Day Delivery" (SDD) dann nicht mehr länger ein Problem darstellen (Hausmann et al. 2014, S. 38).

Das weltweit operierende E-Commerce-Unternehmen eBay strebt mit seinem Produkt „eBay now" an, 2015 in 25 Städten weltweit eine taggleiche Lieferung anbieten zu können (Abb. 3.1). Bewohner von Städten wie New York oder Chicago können mit diesem Service Produkte, die in lokalen Geschäften der entsprechenden Standorte verfügbar sind, noch am Tag der Bestellung zugeliefert bekommen. Stets verbunden mit den Vorteilen einer taggleichen Lieferung sind im Regelfall allerdings höhere Lieferkosten. 70 % der Deutschen würden jedoch lediglich zwischen 3,50 und 4,50 € für SDD-Services ausgeben, was in etwa den normalen Portokosten für Pakete entspricht (Hausmann et al. 2014, S. 38).

Schlussendlich besitzt die taggleiche Lieferung ein gewisses Potenzial, um zumindest in Großstädten einen der zentralen Nachteile des Onlinehandels abzumildern und gleichzeitig stationären Einzelhändlern zusätzliche Vertriebskanäle zu eröffnen (Hausmann et al. 2014, S. 38). Wenn mehr und mehr Händler die Voraussetzungen für SDD in ihren Logistikprozessen erfüllen, dann besteht hierin in der Tat die Möglichkeit für die dynamische Weiterentwicklung eines bereits genannten Konsummusters: Die Entstrukturierung des Alltags würde auf diese Weise weiter auf die Spitze getrieben, indem die Zeitspanne zwischen Bestellung und Lieferung noch weiter verkürzt würde.

Immer mehr überlegen Onlinehändler, diesen Vor-Ort-Service mit festen Anlaufstellen zu verbinden, den sie teilweise stark angelehnt an den klassischen Einzelhandel realisieren wollen (Bialdiga 2014).

Abb. 3.1 Ebay now. (Ebay 2014)

3.2 Einfluss der Digitalisierung auf verschiedene Konsumgütergruppen

Die bereits ansatzweise dargelegten Möglichkeiten des Onlinehandels verdeutlichen, wie grundlegend der digitale Wandel den Konsumgütermarkt auf den Kopf zu stellen scheint. Um den genauen Einfluss der Digitalisierung auf den Einzelhandel darstellen zu können, sollte dieser jedoch gemäß den unterschiedlichen veräußerten Warengruppen betrachtet werden.

In der Studie „Zukunft des Handels" wurden in diesem Kontext Verbraucher befragt, welche Warengruppen ihrer Meinung nach im Jahr 2022 aus dem Handel verschwunden sein werden. 78 % der Befragten waren der Meinung, dass Computer-Programme 2022 bereits nicht mehr stationär erwerbbar sein werden, 72 % teilten diese Einschätzung für Tickets für Events oder öffentliche Verkehrsmittel, 65 % für elektronische Medien wie CDs oder DVDs, 57 % für Reisen und 55 % für Bücher (Zukunft des Handels/Omnichannel 2012). Mehr als die Hälfte der Konsumenten prophezeit damit etwa Buchhandlungen und Reisebüros eine ähnliche Entwicklung wie beispielsweise Musikgeschäften, die bereits heute mehr und mehr der Vergangenheit angehören (Reier 2009).

Umgekehrt wurde bei der Befragung nach jenen Warengruppen gefragt, die nach der Einschätzung der Verbraucher 2022 noch immer im Ladengeschäft verfügbar sein werden. Ganz vorne dabei sind hier Lebensmittel, von denen 89 % der Befragten der Meinung sind, dass diese auch in absehbarer Zukunft noch im stationären Einzelhandel zu kaufen sein werden. 85 % sagen dies über Fahrzeuge und Fahrzeugzubehör, ebenfalls 85 % über Möbel, 78 % über Mode und 76 % über Werkzeuge (Zukunft des Handels/Omnichannel 2012). Die hohe Zahl von Verbrauchern, die Nahrungsmittel auch 2022 noch in Ladengeschäften verfügbar sehen, könnte vor allem auf das Frischegebot jener Warengruppe zurückzuführen sein. Daneben zeigen die weiteren genannten Warengruppen, dass gerade Produkte, die virtuell nicht gleichwertig erlebbar sind, wohl auch weiterhin stationär angeboten werden. Ein Auto will auf seine Leistung und seinen Komfort hin getestet werden und Möbel in ihrer Beschaffenheit und Eignung für das traute Heim begutachtet werden.

Nicht zuletzt zeigen die Umfragewerte, dass gerade Produkte, bei denen häufig eine persönliche Beratung durch kompetente Verkäufer vonnöten ist, wohl auch in Zukunft „analog" erwerbbar sein werden – sei es die Stilberatung im Modegeschäft oder die Information über den richtigen Dübel im Baumarkt. Gleichzeitig lassen die Zahlen kaum die Einschätzung zu, dass sich der stationäre Einzelhandel von den Vorzeichen der Digitalisierung vollkommen unbeeindruckt zeigen sollte. Vielmehr wird es zu einer der zentralen Herausforderungen für Einzelhändler, die entstandene Hybridität von Analogem und Digitalem zu erkennen und sowohl zu ihrem eigenen Vorteil als auch dem von Konsumenten zu nutzen.

3.3   Kaufentscheidung zwischen Online und Offline

74 % der Verbraucher empfinden es schon heute als wichtig, Waren bei einem Händler sowohl online als auch offline kaufen zu können (Zukunft des Handels/ Omnichannel 2012). Viele Einzelhändler erfüllen diesen Wunsch der Konsumenten schon und verfolgen sogenannte Multichannel-Lösungen. „Multichannel" steht für die gegenseitige Ergänzung von stationärem Handel und E-Commerce, indem Händler ihre Produkte nicht nur lokal im Ladengeschäft anbieten, sondern gleichzeitig auch online vertreiben (Lünendonk 2012, S. 11).

Das Konzept kann als Reaktion auf das bereits praktizierte Kaufverhalten vieler Verbraucher interpretiert werden, die sich während des Kaufentscheidungsprozesses nicht nur auf eine der beiden Sphären beschränken, sondern beliebig zwischen den verschiedenen Kanälen wechseln. Am weitesten verbreitet ist hierbei das Konsummuster, dass Verbraucher Produktinformationen auf verschiedenen Kanälen einholen und dann je nach Angebot der verschiedenen Händler ihre Einkäufe dort tätigen, wo sie das beste Preis-Leistungs-Verhältnis erwarten. Daneben ist es vor allem beim Erwerb von Kleidung und Schuhen verbreitet, sich online über ein bestimmtes Produkt bei verschiedenen Händlern zu informieren, dieses anschließend jedoch stationär beim überzeugendsten Anbieter anzuprobieren und zu kaufen (Lünendonk 2012, S. 11).

Auch das sogenannte „Click & Collect"-Prinzip versucht, E-Commerce und stationären Handel zu verbinden. Die Konzeptidee besteht darin, dass Konsumenten gewünschte Produkte zunächst online auswählen und dann im gewünschten Ladengeschäft gesammelt abholen können – beispielsweise um unpassende Lieferzeiten zu umgehen oder die Ware vor Ort noch einmal prüfen zu können. Bisher wird „Click & Collect" allerdings nur von wenigen deutschen Verbrauchern genutzt: Lediglich 9 % haben den Service bereits häufiger getestet, weitere 18 % erst einmal. Beinahe jeder zweite Konsument kann sich hingegen vorstellen, dass „Click & Collect" in Zukunft häufiger genutzt wird (Zukunft des Handels/Omnichannel 2012).

Das ist nicht nur praktisch für die Einkäufer, sondern auch für den Handel: Etwa 50 % der „Click & Collect"-Kunden haben beim Abholen ihrer Bestellung schon mindestens einmal zusätzliche Produkte stationär erworben. In Deutschland bieten beispielsweise Karstadt, Hunkemöller und WÜRTH einen „Click & Collect"-Service an. Bei WÜRTH gilt dabei sogar das Versprechen, dass Kunden die bestellten Waren innerhalb von nur einer Stunde bei einer deutschlandweiten Filiale ihrer Wahl abholen können (WÜRTH 2014; Hunkemöller 2014; Karstadt 2014).

3.4 Connected Retail: Digitalisierung des stationären Einzelhandels

Während die parallele Betreibung verschiedener, gleichwertiger Distributionskanäle im Sinne von Multichannel eine Möglichkeit darstellt, stationären Handel und E-Commerce zu verbinden, besteht eine weitere Chance für den Einzelhandel darin, digitale Elemente direkt in das Konsumerlebnis der Verbraucher zu integrieren. Ein Paradebeispiel für Connected Retail liefert der Textilhändler Burberry mit seinem „Connected Store" in London. Während die meisten Einzelhändler danach streben, ihre Onlinepräsenz an ein Ladengeschäft anzupassen, wurde der Flagship-Store von Burberry in der Logik eines Online-Shops konzipiert. Ein zentraler Clou sind hierbei an einigen Kleidungstücken angebrachte RFID-Chips, mithilfe derer Verbraucher in der Umkleidekabine Informationen zum Produkt sowie Kombinationsvorschläge erhalten oder Videosequenzen gezeigt bekommen, wie das Kleidungsstück auf dem Catwalk von Modeschauen getragen wurde (Indvik 2012).

Auch im Lebensmitteleinzelhandel besitzt Connected Retail scheinbar großes Potenzial. So hat sich beispielsweise das Selbst-Scannen in Supermärkten mancher europäischer Länder, wie u. a. in der Schweiz und Großbritannien, bereits auf verschiedene Art und Weise durchgesetzt. Eine Variante liegt zum Beispiel darin, Produkte, die man in den Einkaufswagen legt, direkt zu scannen, um so den aktuellen Gesamtpreis des Einkaufs kontinuierlich im Auge behalten zu können. Darüber hinaus verbreiten sich Selbstscanner an der Kasse auch in Deutschland immer mehr. Mithilfe der Selbstscanner ist es Kunden in einigen Warenhausketten und Möbelhäusern wie IKEA bereits möglich, ihre Einkäufe an sogenannten Express-Kassen selbst zu scannen und anschließend direkt zu bezahlen (Stierhof und Driemer 2014).

Location-based Services Von Regal zu Regal laufen und das gewünschte Produkt trotz größter Mühe nicht zu finden – auch dieses Erlebnis könnte beim Supermarktbesuch schon bald der Vergangenheit angehören. Der Technologiekonzern Philips entwickelte ein System zur Navigation innerhalb von Ladengeschäften auf Basis intelligenter LED-Lampen. Mithilfe von LED und einer entsprechenden Smartphone-App kann so eine Positionsbestimmung des Kunden innerhalb des Ladengeschäfts durchgeführt werden, um etwa auf Basis einer Einkaufsliste eine zeitoptimierte Wegführung für den Kunden zu ermöglichen. Außerdem könnten App-Nutzer Rezepte auswählen und daraufhin den Standort der benötigten Zutaten angezeigt bekommen. Als zusätzlichen Anreiz für Ladeninhaber könnte die App darauf aufbauend passende Produkte zu Rezept oder Einkaufsliste vorschlagen (Fuchs 2014a).

Die LED-Technologie stellt eines von mehreren Konzepte für sogenannte „Location-based Services" (LBS) dar, die Konsumenten vor Ort in einem Geschäft, einer Einkaufsmeile oder auch in einem Fußballstadion Informationen auf ihr Mobilgerät zustellen könnten. LBS bieten Einzelhändlern damit außerdem die Möglichkeit, Kunden vor Ort Coupons oder Flyer direkt auf das Smartphone zu senden. Um zu vermeiden, dass Konsumenten in Zukunft beim Gang durch die Einkaufsstraße mit etlichen Rabattaktionen gleichzeitig geködert werden, sollte jedoch sichergestellt werden, dass Kunden ausschließlich mit Informationen versorgt werden, die einen tatsächlichen Mehrwert bieten.

Augmented Reality im Einzelhandel Connected Retail findet in Location-based Services längst nicht seine Grenzen. Auch sogenannte Augmented-Reality-Elemente sind in der Lage, die analoge Welt des stationären Einzelhandels mit virtuellen Elementen zu verbinden und so das Konsumerlebnis aufregender zu gestalten. Jan Hendrik-Hammer, Mitarbeiter am Lehrstuhl für Interaktive Echtzeitsysteme als Karlsruher Institut für Technologie, übersetzt „Augmented Reality" (AR) als „erweiterte Realität": Mittels AR wird die reale Welt mit virtuellen Informationen angereichert, was den bereits mehrfach erläuterten hybriden Zustand aus Analogem und Digitalem weiter auf die Spitze treiben würde.

Grundsätzlich spricht Hammer von zwei wesentlichen AR-Varianten. Auf der einen Seite arbeiten Forscher an sogenannten „optical see-through"-Technologien, wobei Nutzer über intelligente Brillensysteme, wie beispielsweise Google Glass, Informationen direkt in der realen Welt angezeigt bekommen. Möglich wäre hier zum Beispiel eine Scan-Funktion, mit welcher der Blick der Konsumenten verfolgt wird und ihnen so beim längeren Betrachten eines Produkts weitere Informationen direkt vor das Auge eingeblendet werden. Mögliche Daten hierfür könnten etwa Produktzutaten, Angaben für Allergiker oder passende weitere Produkte umfassen.

Eine zweite AR-Variante stellen die sogenannten „video see-through"-Technologien dar. In diesem Falle, so Hammer, bekommen Benutzer mithilfe der Kamerafunktion ihres Smartphones oder Tablets virtuelle AR-Elemente auf dem Kamerabild angezeigt. Ein Beispiel hierfür lieferte 2013 die schwedische Möbelhaus-Kette IKEA, die zusammen mit ihrem Katalog eine kostenlose Mobile App auf den Markt brachte, mithilfe derer rund 100 Produkte per Mobilgerät als 3D-Objekte quasi in die Wohnung der Konsumenten projiziert werden konnten (Abb. 3.2) (Jüngling 2013).

Abb. 3.2 IKEA App. (IKEA 2014)

Denkbar sind gerade im stationären Einzelhandel auch AR-Bildschirme, die den Konsumenten kinetisch erfassen und ihn so zum Beispiel im Textilwarengeschäft in ein Outfit seiner Wahl stecken. Diese Idee setzte bereits eine Moskauer TOPSHOP-Filiale um, deren Kundinnen sich im Ladengeschäft vor einen menschengroßen Bildschirm stellen und sich dort wie in einem Spiegel selbst sehen konnten. Dabei bekamen sie einzelne Kleidungsstücke vorgeschlagen, die sich im Spiegel auf ihren Körper legen (Indvik 2011). Auch der Spielzeugwarenhersteller LEGO nutzt AR bereits im Einzelhandel. Kunden können hier eine Spielzeugverpackung vor einen entsprechenden Bildschirm halten und sehen anschließend eine 3D-Animation des Modells (Lorenzen 2013).

Verbraucher scheinen AR im stationären Einzelhandel durchaus offen gegenüber zu stehen. Beispielsweise empfindet jeder Zweite die Möglichkeit, mithilfe eines virtuellen Spiegels unterschiedliche Farbvarianten eines soeben anprobierten Kleidungsstücks zu testen, als interessant. Mehr als zwei Drittel der Konsumenten sind außerdem der Meinung, dass AR-Konzepte wie virtueller Spiegel oder virtuelle Anprobe in Zukunft stärker angewendet werden könnten (Zukunft des Handels/ Technologie 2012).

Im Konsumkontext sieht Hammer ein mögliches Anwendungsfeld für AR-Systeme auf Optical-See-Through-Basis darin, Konsumenten durch Einkaufsstraßen oder einzelne Ladengeschäfte zu navigieren, indem sie beispielsweise mittels Brillensystemen auf Basis ihrer Einkaufsliste durch eine Einkaufsstraße oder ein Geschäft geleitet werden. Zudem könnten Verbraucher über diese Brillensysteme per LBS-Funktion auf bestimmte Shops, Produkte oder Sonderangebote aufmerksam gemacht werden, sobald sie sich diesen nähern. Hammer spricht in diesem Kontext von AR-Systemen als „Personal Assistents", die Konsumenten dienen und unterstützen sollen, ohne sie mit irrelevantem Input zu verwirren. Andernfalls laufen die im Grunde vielversprechenden Technologien Gefahr, vom Kunden nicht angenommen zu werden: Das alles gilt für Hammer jedoch ohnehin nur dann, wenn die AR-Brillen bisherige Probleme lösen. Denn einerseits seien sie optisch oftmals noch nicht reif genug, andererseits bespielen die Brillen bisher zumeist nur ein begrenztes Sichtfeld, das etwa die Größe eines Flachbildfernsehers umfasst.

Bedeutung des Internets der Dinge für den Konsum Während die dargestellten Beispiele im Bereich Augmented Reality als Form der Mensch-Maschine-Kommunikation beschrieben werden können, finden auch sogenannte Machine-to-Machine-Technologien (M2M) immer mehr Anwendungsfelder. M2M beschreibt Christian Rätsch als gegenseitige Vernetzung von Maschinen bzw. Geräten. Ein Beispiel hierfür ist die Vernetzung von Smartphone und Waschmaschine, die morgens beladen und anschließend vom Arbeitsplatz aus per Mobilgerät gestartet werden kann (N24 2014). Möglich wird die Kommunikation zwischen diesen

Abb. 3.3 Google Glass. (Google 2014)

Geräten durch ihre Verbindung mit dem Internet, wo sie im Sinne eines „Internets der Dinge" Daten austauschen können.

Oral B entwickelte eine Zahnbürste mit M2M-Technologie. Diese sammelt Daten über das Zahnputzverhalten ihres Nutzers und bietet anschließend etwa Verbesserungsvorschläge per Smartphone, indem sie Bescheid gibt, wenn es Zeit ist, die Zahnbürste zu wechseln, und indem sie Dauer sowie Intensivität des täglichen Zähneputzens misst (Gibbs 2014). Die Zahnbürste von Oral B fügt sich in einen weiteren Trend ein, nach dem sich Menschen im Sinne eines „Self-Tracking" selbst vermessen, um beispielsweise die eigene Fitness-Performance zu überprüfen. Auf Basis dieser Daten eines „Quantified Self" streben viele Konsumenten danach, ihren Lebensstandard zu optimieren und das Beste aus ihrem Alltag herauszuholen (Boytchev 2013).

Im Kontext des Self-Trackings kommen häufig sogenannte „Wearables" ins Spiel, das heißt kleine Computer, die am Körper des Menschen getragen werden, wie etwa Smart Watches im Stile einer Armbanduhr oder die bereits angesprochenen Smart Glasses in Form von Brillensystemen (Abb. 3.3).

Experten gehen davon aus, dass Wearables den Mainstream im Jahre 2018 erreichen werden, zuvor also eher als Nischenprodukt fungieren, weshalb ihre tatsächliche Relevanz für den Konsum von morgen nur vage bestimmbar ist. Zentral dürfte jedoch sein, auch für entsprechende Kleinbildschirme, wie etwa bei einer Smartwatch, intuitiv bedienbare Apps zu entwickeln. So arbeitet beispielsweise eBay daran, im Stile eines „Zero Effort Commerce" Konsumenten mit möglichst wenig Aufwand zu ermöglichen, Waren über eine Smartwatch-App zu bestellen. Möglich wäre beispielsweise, in einem Geschäft ein Produkt zu fotografieren und damit einen Bestellprozess über die Smartwatch auszulösen, der vollkommen automatisch abläuft. Für stationäre Einzelhändler bedeutet dies einen weiteren Anreiz, intelligente Multichannel-Lösungen anzubieten, um den zentralen Herausforderungen der Digitalisierung proaktiv zu begegnen (Pohlgeers 2014).

3.5 Big Data im Einzelhandel

Natürlich dienen alle bisher dargestellten Technologien nicht nur der besseren Information der Konsumenten, sondern über die angestrebte Verbesserung des Konsumerlebnisses direkt auch dem Profit des jeweiligen Händlers. Und damit nicht genug: Mithilfe von AR-Brillen sind Einzelhändler beispielsweise in der Lage, per Blickanalyse Daten darüber zu sammeln, wohin die Blicke der Konsumenten wandern, und die Supermarktgestaltung entsprechend anzupassen. Der Begriff „Big Data" beschreibt genau dieses Anhäufen eines möglichst großen Datenbergs, das unter der Prämisse geschieht, dass der Händler mit den relevantesten Kundendaten am Ende auch die meisten Umsätze generiert.

Ein simples Beispiel, welche Rolle Big Data im Onlinehandel spielen kann, bietet Branchen-Primus Amazon. So berichtet Thorsten Hennig-Thurau, wie er auf der Amazon-Seite nach der DVD einer neuen Serie geschaut habe. Prompt habe die Seite gemeldet, dass seine Freundin dieselbe Serie auch mag. Dieses Kundenwissen erhält Amazon über Facebook, da beide die Amazon-Seite dort mit „Gefällt mir" markiert haben. Amazon ist auf diese Art und Weise theoretisch auch in der Lage, Hennig-Thurau einen Geschenkvorschlag für seine Freundin zu unterbreiten, wenn ihr Geburtstag näher rückt (Sommer 2013).

Auch im stationären Einzelhandel spielen Kundendaten eine immer größere Rolle, wenn es darum geht, das Konsumerlebnis im Interesse des Unternehmens möglichst profitabel zu verbessern. Die gesammelten Daten gleichen dabei häufig den Messwerten, welche auch Analyse-Tools wie Google Analytics zur Auswertung des Besucherverkehrs auf Websites und Onlineshops anwenden. Mögliche Daten, die entsprechende Anbieter Einzelhändlern liefern können, umfassen beispielsweise die Kundenfrequenz vor und im Ladengeschäft, Bewegungsmuster im Inneren eines Ladens, die Verweildauer an bestimmten Regalen oder im Geschäft generell und teilweise sogar der Anteil an wiederkehrenden Kunden (Fuchs 2014b). Auf Basis dieser Daten können Einzelhändler gezielt Kundenwege steuern und optimieren, indem etwa die vorhandene Ladenfläche an die Bewegungsmuster von Kunden angepasst wird. Auf diese Art und Weise kann etwa sichergestellt werden, dass Konsumenten einerseits schnell die gewünschten Produkte auch wirklich finden und andererseits entsprechend zufrieden zurückkehren.

Bei allen Vorteilen von Big Data für das Geschäftsmodell sollten stationäre Einzelhändler gerade in Anbetracht der immer wieder hochkochenden Datenschutzdebatten in Deutschland möglichst nachhaltig mit entsprechenden Kundendaten umgehen. Zwar können etwa individualisierte Angebote in der Tat einen Mehrwert für Verbraucher darstellen, andererseits sind diese sehr stark von der Güte der gesammelten Kundendaten abhängig. Angebote, die auf einer mehr oder weniger beliebigen Kombination von Daten beruhen, können einerseits an den tatsächlichen Wünschen des Kunden vorbeigehen und dadurch als aufdringlich gewertet werden. Andererseits sollten Einzelhändler die Privatsphäre ihrer Kunden wahren und nicht jedes intime Detail ihres Wissens direkt in personalisierte Werbung ummünzen. Ein Beispiel aus der Kreditkartenbranche hierfür liefert erneut Hennig-Thurau:

> Big Data kann Händlern vieles verraten. Nicht immer aber sollten sie aber auch offenbaren, was sie wissen. […] Die Kreditkartenfirma sollte Kunden etwa besser keinen guten Scheidungsanwalt empfehlen, nur weil sie an deren Kaufverhalten erkennt, dass sich eine Ehekrise anbahnt. (Sommer 2013)

Big Data ist damit ein höchst sensibles Thema für Kunden und Händler gleichermaßen, das wohl nur dann erfolgreich eingesetzt werden kann, wenn sich zu den Daten eine große Prise Respekt und Menschenkenntnis gesellt – also Werte weit ab von Zahlenreihen in Datenbanken.

3.6   Die soziale Komponente neuer Supermärkte

Entgegen der Kritik an Big Data zeigen Gestaltungskonzepte für diverse neu errichtete Supermärkte, wie die Analyse von Kundendaten mitunter tatsächlich zu einem Mehrwert für Verbraucher führen kann. Alle Konzepte zielen dabei jedoch natürlich auf die Verbesserung des Konsumerlebnisses und damit selbstredend auch auf entsprechende Umsatzsteigerungen im Einzelhandel ab. Im Gegensatz zu den bisher dargestellten Ideen des Connected Retail beziehen sich die folgenden Gestaltungskonzepte weniger darauf, das scheinbar Virtuelle in die Realität zu integrieren, sondern sich beinahe gegenteilig auf die Stärken der ursprünglichen, rein analogen Welt zu besinnen. Viele Beispiele in Deutschland neu eröffneter Supermärkte erwecken beinahe schon den Eindruck, dass sie ihre Konsumenten beim Betreten des Ladengeschäfts zum „Abschalten" bringen möchten – sowohl im mentalen als auch im technologischen Sinne.

Die Supermarktkette EDEKA etwa behauptet, jeden neuen Standort individuell zu entwickeln und damit keine Supermärkte „von der Stange" mehr zu bauen. In

Hamburg beispielsweise soll ein EDEKA-Markt in einer einstigen Rindermarkthalle eröffnet werden, in der Konsumenten mit Wochenmarktflair einkaufen, dabei zusätzlich noch gastronomische Vorzüge genießen und mitunter gar temporäre Ausstellungen besuchen können. Schließlich soll ein EDEKA-Markt in Dortmund-Huckarde tiefenentspanntes Urlaubsfeeling verbreiten – inklusive Bananenbäumen und von der Decke hängenden Segelleinen (Hubschmid und Jahberg 2014).

Beiden gemeinsam scheint ihr Streben nach einer Verbesserung des Konsumerlebnisses der Menschen. Es gilt als erwiesen, dass Verbraucher, die sich in einem Supermarkt wohl fühlen, auch mehr einkaufen; außerdem steigt mit der Länge ihres Aufenthalts die Summe der Preise im Warenkorb (Hubschmid und Jahberg 2014). Auch sammeln Einzelhändler und Konsumforscher in diesen Märkten unentwegt Daten über das Konsumverhalten ihrer Kunden, um das Konsumerlebnis aus Händlersicht immer weiter zu optimieren und Verbraucher in dieser Hinsicht geradezu zu manipulieren. Ein Beispiel aus vielen: Grundnahrungsmittel wie Eier, Mehl oder Milch werden in immer mehr Supermärkten möglichst ganz hinten untergebracht, damit Kunden auf dem Weg zu ihnen den gesamten Laden durchqueren müssen und dabei im Idealfall noch weitere Produkte kaufen (Hubschmid und Jahberg 2014). Bei aller berechtigten Kritik an dieser Manipulation der Verbraucher sollte jedoch bedacht werden, dass dies bereits seit Jahrzehnten so praktiziert wird.

3.7 Mobile Payment: Bezahlen ohne Bargeld und EC-Karte

Wie auch immer der Supermarkt der Zukunft aussehen wird – ob Retro-Marktplatz oder Hightech-Supermarkt – eine zentrale Revolution könnte dem stationären Einzelhandel bereits in naher Zukunft bevorstehen. Diese wird schon seit längerer Zeit unter dem Stichwort „Mobile Payment" diskutiert, ein Begriff, der sich auf das Bezahlen im stationären Einzelhandel per Smart Device bzw. Mobilgerät bezieht – ganz ohne Bargeld, Kredit- oder EC-Karte (Abb. 3.4).

Nach Einschätzung der Verbraucher scheint es bereits abgemachte Sache, dass Mobile Payment die derzeit noch gängigen Zahlungsmethoden ergänzen oder gar verdrängen wird: Beinahe zwei Drittel der Konsumenten halten Mobile Payment in Zukunft für realistisch. Einzig: Stand 2012 haben gerade einmal 7 % aller Konsumenten schon einmal stationär per Smartphone bezahlt (Zukunft des Handels/Bezahlen 2012). Im Jahre 2013 zahlten die Deutschen dagegen noch fast 60 % des Umsatzes an den Ladenkassen bar – und nicht einmal mit EC- oder Kreditkarte. Erst für 2018 rechnen Experten damit, dass der Anteil bargeldloser Zahlungsmittel den Bargeldanteil übersteigen wird (Seibel 2013).

Abb. 3.4 Apple Pay. (Apple 2014)

Um dies zu verändern, sieht Mark Sievers vier zentrale Voraussetzungen, die erfüllt werden müssen.

1. müssten entsprechende Anbieter und Dienste das Vertrauen der Menschen wecken,
2. sollte eine einfache Bedienung genauso wie
3. ein günstiger Preis sichergestellt sein, und schließlich
4. die Sicherheit der Kundendaten garantiert sein.

Nach Einschätzung Sievers' könnte der Durchbruch des bargeldlosen Bezahlens mittels Apple Pay gelingen, sofern die Bedienung so einfach ist, wie angekündigt wurde. Wie auch weitere Mobile-Payment-Anbieter funktioniert der Apple-Dienst über einen im Mobilgerät integrierten NFC-Chip. Nutzer von Apple Pay müssen lediglich die App „Passbook" auf ihrem iPhone installieren und konfigurieren. Beim Bezahlvorgang halten sie dann nur noch ihr Smartphone oder Tablet an einen ausgewiesenen NFC-Scanner an der Kasse und identifizieren sich dabei per Fingerabdruck auf ihrem Mobilgerät (CHIP Redaktion 2014). Sollte sich dieses Prinzip wie erhofft durchsetzen, könnte dies wiederum dazu führen, dass entsprechende Installationen an den Kassen stationärer Einzelhändler immer mehr zum Standard werden und so weitere Mobile-Payment-Nutzer anziehen.

Der Durchbruch von Mobile Payment würde langfristig dazu beitragen, dass das Mitführen der eigenen Geldbörse genauso wie lange Warteschlangen an der Kasse eines Tages der Vergangenheit angehören könnten. Bis dahin müssen jedoch zunächst die genannten Voraussetzungen erfüllt und auch gewisse finanzielle Umstände gegeben sein: Für einen Supermarkt, so Experten, lohnt sich Mobile Payment in der Regel erst dann, wenn aufgrund kürzerer Schlangen eine Kasse komplett geschlossen werden kann (Seibel 2013). Ob Mobile Payment die Geldbörse jemals komplett ablösen wird, hängt am Ende jedoch auch von ganz banalen Fragen ab. Denn je mehr Alltagsgegenstände das Smartphone ersetzt, in diesem Falle das Portemonnaie, desto größer auch die Abhängigkeit der Kunden von ihrem Mobilgerät. Nicht auszurechnen also, was geschieht, wenn Konsumenten einmal ihr Smartphone zu Hause vergessen, es verlegen oder es sogar gestohlen wird.

Wie werden wir in Zukunft einkaufen? Welche Muster werden die Art und Weise, wie wir konsumieren, in den kommenden Jahren prägen? Diese Fragen zielen nicht nur auf Veränderungen des Konsumverhaltens ab, sondern auch auf die Beziehung zwischen Verbrauchern und Wirtschaft – und damit auch auf die Rolle des Individuums innerhalb der Gesellschaft. Das vorangehende Kapitel erläuterte zahlreiche bereits heute absehbare technologische und gesellschaftliche Entwicklungen, welche die nun folgenden Skizzen neuer Konsummuster zumindest in ihrer vagen Form vorhersehen lassen.

An dieser Stelle sei noch einmal darauf hingewiesen, dass die erarbeiteten Konsummuster zum einen stark vom Zeitpunkt ihrer Zusammenstellung abhängig sind und neue Entwicklungen und Erfindungen bereits innerhalb weniger Monate zu neuen Einschätzungen führen könnten. Zum anderen stellen die getroffenen Einschätzungen keine absoluten Fakten dar, sondern lediglich Wertungen, die im Rahmen einer tiefergehenden Diskursanalyse weitere Meinungen hervorbringen könnten. Aus diesem Grunde sollten die nachstehenden Konsummuster als Grundlage für weitere Diskussionen und Untersuchungen verstanden werden.

▶ **Privatkonsum wird digitaler** Der Zuwachs online generierter Umsätze im Einzelhandel wird auf absehbare Zeit Bestand haben. Die Dynamik des Wachstums hängt jedoch stark von der jeweiligen Warengruppe ab. Während Lebensmittel, Möbel oder auch Fahrzeuge wohl auch in Zukunft lieber stationär gekauft werden, erwarten viele Verbraucher, dass zum Beispiel Tickets, Bücher und Musikwaren zunehmend online konsumiert werden. Insgesamt hängt diese Entwicklung jedoch auch davon ab, wie gut Onlineanbieter ihre Services etwa durch taggleiche Liefe-

© Springer Fachmedien Wiesbaden 2015

27

A. Ternès et al., *Konsumentenverhalten im Zeitalter der Digitalisierung*, essentials, DOI 10.1007/978-3-658-09400-3_4

rung ausbauen – und stationäre Einzelhändler umgekehrt in der Lage sind, Umsatzeinbußen mithilfe digitaler Technologien und Vertriebskonzepte abzufedern.

▶ **Privatkonsum wird mobiler** Ob per Smartphone oder Tablet – der Anteil mobil bestellter Waren wird in Zukunft ebenfalls weiter ansteigen. 2012 wuchsen die Umsätze im „Mobile Commerce" um 142 % (Kroker 2013). Die Zuwachsraten werden dabei jedoch stark von der Entwicklung verbraucherfreundlicher Applikationen abhängen. Außerdem steht mit der Variable „Wearables" noch eine ungewisse Größe im Raum, die in der Lage sein kann, den Zuwachs mobil erzielter Einzelhandelsumsätze etwa per Smartwatch oder Smart Glasses weiter anzukurbeln. Nicht zuletzt ist bei einem Erfolg von Mobile-Payment-Konzepten zu erwarten, dass Mobilgeräte in Zukunft dazu beitragen, die Geldbörse zu ersetzen und das Einkaufen durch kürzere Schlangen an der Kasse angenehmer und praktischer zu gestalten.

▶ **Privatkonsum findet jedoch auch weiterhin offline statt** Das gilt nicht nur für Branchen wie die Lebensmittel-, Mode- oder Interior-Design-Industrie, sondern beinahe für alle Warengruppen. Selbst Musikliebhaber werden etwa in Special-Interest-Geschäften möglicherweise weiterhin Schallplatten und CDs erwerben können. Die Stärken des stationären Einzelhandels liegen gerade in der sozialen Dimension, wie beispielsweise in der Beratungskompetenz der Verkäufer, ihrer Fähigkeit, Ladenprofil und -angebot durch genaue Kenntnis von Stammkunden anzupassen, aber auch in der Verbindung von Konsum und Entertainment, wie sie beispielsweise durch Connected Retail ermöglicht wird.

▶ **Online und Offline verschmelzen zu einem hybriden Konsumraum** Gerade Menschen, welche mit der Digitalisierung Schritt halten und sich von ihr nicht überfordert fühlen, werden die Trennung zwischen Offline- und Online-Konsum mehr und mehr überflüssig finden. Schon heute erwarten 80 % der 14- bis 27-Jährigen, genauso aber auch 73 % der Über-50-Jährigen, dass Unternehmen ihre Produkte sowohl online als auch offline anbieten. Multichannel entwickelt sich mit hoher Wahrscheinlichkeit zu einer zentralen Strategie von Einzelhändlern, um diesem Anspruch gerecht zu werden. Nur dann wird der stationäre Einzelhandel nicht darunter leiden, wenn Verbraucher sich zwar auf seine Beratungskompetenz verlassen, sich schlussendlich aber online nach einem besseren Angebot umschauen. Auch Click & Collect könnte sich zu einem Service der Zukunft entwickeln, spart er Kunden doch potenziell Zeit und Nerven und bietet gleichzeitig eine neue Kompetenz für den Einzelhandel.

▶ **Die Entstrukturierung des Alltags wird sich weiter beschleunigen** Schon heute sind Konsumenten nicht mehr komplett von Öffnungszeiten abhängig, sondern können mithilfe des Internets quasi jederzeit Waren bestellen. Diese Entwicklung könnte sich in Zukunft beispielsweise durch taggleiche Lieferung, Click & Collect und weitere Innovationen der Handelsbranche manifestieren. In dem Essential „Konsumentenverhalten im Zeitalter von Mass Customization" ist beispielsweise die Rede von individualisierten Produkten, die offline häufig gar nicht vertrieben werden können und somit keine Öffnungszeiten kennen.

▶ **Glokalisierung setzt sich auch im Privatkonsum fort** Regionale Produkte erfreuen sich ebenso großer Beliebtheit wie die Produkte internationaler Markenhersteller oder exotische Nischenprodukte. Kürzere Lieferzeiten, niedrigere Versandkosten und der gesellschaftliche Gesamtkontext in Form der Globalisierung werden dazu beitragen, dass auch in Zukunft etwa indische Lebensmittel neben Bio-Produkten aus Brandenburg im Einkaufswagen von Produzenten liegen werden. Häufig zum Vorteil der Verbraucher: Dank Internet und großer Produktvielfalt steigt die Chance für jeden, genau das zu finden, wonach er gerade gesucht hat.

▶ **Nachhaltiger Privatkonsum wird zunehmen** Überangebot und Produktvielfalt sind für viele Verbraucher auch Symbol der Überflussgesellschaft, die über ihren Bedürfnissen lebt und damit möglicherweise kommenden Generationen schadet. Ethische Diskussionen dieser Art, aber auch der Klimawandel und das wachsende Gesundheitsbewusstsein von Konsumenten werden daher wahrscheinlich zu einer nachhaltigeren Einstellung vieler Verbraucher führen. Dies schließt jedoch nicht aus, dass viele zunehmend auch auf besonders preisgünstige und daher nicht zwingend nachhaltige Produkte zurückgreifen werden, was nicht zuletzt von der sozialen und wirtschaftlichen Entwicklung in Deutschland abhängt. Auf nachhaltigen Konsum wird ebenfalls im Essential „Konsumentenverhalten im Zeitalter von Mass Customization" tiefer eingegangen.

▶ **Konsumenten sind informierter und kaufen bewusster** Das Internet gehört schon heute zu den meistgenutzten Recherchequellen, wenn es darum geht, das richtige Produkt für individuelle Bedürfnisse zu finden. Nicht zuletzt dient das Internet auch der Überprüfung von Unternehmen und Marken, welche damit gezwungen sind, ihr Handeln transparent und nachvollziehbar im Sinne der Gesellschaft zu kommunizieren. Mithilfe der Informationen aus Internet, eigenen Erfahrungen und der Beratung aus dem Einzelhandel können Kunden geradezu zu Experten für bestimmte Warengruppen werden und kaufen in Folge dessen gerade bei Großanschaffungen bewusster, das heißt intelligent, nachhaltig und preisbewusst.

▶ **Privatkonsum wird individueller** Nicht nur das große Produktangebot führt dazu, dass Verbraucher immer bessere Chancen haben, das richtige Produkt gemäß ihrer Wert-, Stil- und Geschmacksvorstellungen zu entdecken. Auch die Wirtschaft hat das zunehmende Streben der Menschen nach Individualität mittlerweile erkannt und bietet verstärkt personalisierte Produkte an, eine Entwicklung, die Rätsch als Megatrend der kommenden Jahre bezeichnet. Die Individualisierung beginnt dabei bei individualisierter Schokolade und endet bei Häusern aus dem 3D-Drucker. Auf diesen Trend wird im Essential „Konsumentenverhalten im Zeitalter von Mass Customization" näher eingegangen.

Die skizzierten Konsummuster zeigen auf den ersten Blick vielversprechende Aussichten für die Art und Weise, wie Verbraucher ihre Einkäufe in Zukunft tätigen werden. Jedoch sollte auch darauf hingewiesen werden, dass nicht alle Nutznießer dieser Entwicklungen sein werden. So werden es beispielsweise nicht alle Einzelhändler schaffen, der zunehmenden Abwanderung von Umsätzen in den Onlinehandel Paroli zu bieten. Multichannel und Connected Retail sind keine Wundermittel, sondern sollten in ihrer Intensität und Struktur an die individuellen Bedürfnisse der Kunden vor Ort und die Voraussetzungen der jeweiligen Branche angepasst werden. Außerdem kann es auch zur Stärke einzelner Anbieter werden, als eine Art Gegenbewegung der digitalen Seele keinen Einzug zu gewähren. Nicht zuletzt wird wohl auch der demografische Wandel dazu führen, dass gerade in ländlicheren Gebieten auf den Einzelhandel schwierige Zeiten zukommen werden. Im Großen und Ganzen kann die Darstellung vom Aussterben des stationären Einzelhandels wohl tatsächlich abgetan werden.

Keine Mär scheint jedoch, dass Unternehmen mithilfe von Big Data in Zukunft mehr denn jemals zuvor über ihre Kunden wissen werden. Damit wären sie nicht nur in der Lage, Konsumerlebnis, Produkte und Service im Sinne der Verbraucher zu optimieren, sondern Konsumenten zu manipulieren, um ihren Profit zu steigern. Ist also die Rede von Produktvielfalt und der Freiheit, zwischen einem großen Angebot verschiedener Waren zu wählen, dann besteht auch immer die Gefahr, dass es sich nur scheinbar um eine Freiheit handelt, die lediglich der Umsatzsteigerung von Unternehmen dient. Oder wie es Sauer (2013) in der „Frankfurter Rundschau" formulierte: Verkümmert der Mensch

> [...] zum Konsumling, der in vermeintlicher Selbstbestimmung letztlich nur das kauft, was Hersteller und Handel ihm ‚ganz individuell' unterjubeln?

In diesem Sinne ist wohl zu hoffen, dass sich Konsumenten gerade der Informationsmöglichkeiten des Internets bedienen und ein weiteres Konsummuster der Zukunft auf zwei nicht ganz selbstverständlichen Schlagwörtern beruht: Selbstreflexion und Verstand.

Interview mit Christian Rätsch, Geschäftsführer des Agenturnetzwerks Saatchi & Saatchi

Datum: 27. August 2014

Gesprächspartner: Marc Jerusel (MJ), Christian Rätsch (CR)

MJ: Kurz und einfach – was bedeutet für Sie „Digitalisierung des Alltags"?

CR: Ich spreche in diesem Zusammenhang gerne von einer Art „digitaler Seele", die in alle Dinge des Alltags einfließt und somit natürlich den Menschen und die gesamte Gesellschaft direkt betrifft. Das Internet als alles vernetzendes System wird so zu einem zentralen Integrator und Treiber der Gesellschaft.

In diesem Zusammenhang entwickelt sich das Internet, das in seinem frühen Stadium noch an den PC gebunden war, immer mehr zum „Outernet" – also zum Tor in die Welt. Nun rückt das Internet mit diversen Mobile-Anwendungen immer stärker auf die Straße und hält Einzug in das wahre Leben. Die Trennung zwischen Digitalem und Analogem wird dabei immer unschärfer – sie wird von einem hybriden Zustand beider Sphären abgelöst.

Am deutlichsten wird diese Entwicklung im Bereich „Machine-to-Machine"-Kommunikation, in der sich „Maschinen" und Geräte untereinander vernetzen und gleichzeitig Daten zum Mehrwert des Konsumenten sammeln. Hierfür gibt es bereits etliche Beispiele aus der Praxis, da sich entsprechende Produkte natürlich bestens in der Produktvermarktung machen.

Man denke zum Beispiel an die Wearables, wie intelligente Kleidung, deren Material sich an die aktuelle Wetterlage anpasst. Die Wetterdaten werden hierbei über einen Chip im Oberteil gesammelt. Oral B hat eine Zahnbürste ent-

© Springer Fachmedien Wiesbaden 2015

A. Ternès et al., *Konsumentenverhalten im Zeitalter der Digitalisierung*, essentials, DOI 10.1007/978-3-658-09400-3

wickelt, die für Eltern misst, wie gut sich ihre Kinder die Zähne putzen, und anschließend Verbesserungsvorschläge für die Zahnpflege unterbreitet. Mikro-Chips werden in Pflanzenerde eingesetzt und senden Signale, sobald Wasser oder Nährstoffe knapp werden. Die Beispiele ließen sich unendlich fortsetzen.

MJ: Internet der Dinge, intelligente Maschinen und etliche Apps als Helferlein im Alltag – zugespitzt formuliert müssten die Menschen eigentlich über Unterforderung klagen. Viele Menschen fühlen sich jedoch im Gegenteil von Digitalisierung und Komplexität des Alltags überfordert. Woran könnte dies Ihrer Meinung nach liegen?

CR: Ich denke, dass dies viel mit einer Art fehlender Konditionierung der Menschen zu tun hat. Die digitale Seele kehrt so schnell in alle Prozesse des Alltags ein, dass viele Menschen hiermit schlichtweg überfordert sind.

Es ist ja nicht so, dass es nicht auch in der Vergangenheit radikale Innovationen gab, die alle Aspekte der Gesellschaft tiefgreifend veränderten. Man denke nur an die Eisenbahn und die plötzliche Möglichkeit, Waren in deutlich kürzerer Zeit von einem Ort zum nächsten zu transportieren – eine der Grundlagen der industriellen Revolution im 19. Jahrhundert.

Man spricht davon, dass jeder sogenannte „Quantensprung" bewirkt, dass sich auch die Gesellschaft auf eine neue Ebene begibt. Auch die Entwicklung des Internets stellt einen solchen Einschnitt dar. Der große Unterschied beispielsweise zur Eisenbahn ist jedoch, dass diese Entwicklung deutlich schneller vonstattengeht. Das Internet ist schließlich noch nicht einmal 20 Jahre alt und ist jetzt schon dabei, unseren Alltag voll und ganz umzukrempeln. Auf die Komplexität und Schnelligkeit dieses Wandels ist der Mensch selbst in seiner Evolution noch nicht genug konditioniert.

MJ: Obwohl der Mensch beispielsweise durch Smartphone-Apps immer mehr Zeit und Mühe spart, haben viele das Gefühl, über immer weniger Zeit zu verfügen. Sehen Sie Zusammenhänge zwischen diesem Zeitempfinden und der Digitalisierung des Alltags?

CR: Auch dieses Zeitempfinden ist meiner Meinung nach eine Folge der soeben angesprochenen, fehlenden Konditionierung. Bisherige industrielle Revolutionen haben deutlich länger gebraucht, um die Gesellschaft so umfassend umzustrukturieren, wie es das Internet heute macht. Das Internet an sich stellt eine völlig neue Struktur dar, die gleichzeitig die Abläufe und Prozesse unseres

Alltags grundlegend verändert. Der Mensch wird von dieser Entwicklung geradezu überrollt.

Man muss natürlich auch sagen, dass vor allem junge Menschen, gerne auch als „Digital Natives" oder „Generation Y" bezeichnet, dieser rasanten Entwicklung deutlich positiver gegenüberstehen als beispielsweise 40- bis 50-jährige „Digital Immigrants". Letztere sind im Umgang mit dem Internet und allem Digitalen unerfahren, da sie es nicht von klein auf kennengelernt haben. Daher haben ältere Menschen auch deutlich mehr Probleme damit, aus dem Überangebot an digitalen Lösungen jene zu selektieren, die ihnen auch wirklich einen Mehrwert versprechen. Die Digitalisierung braucht eben vor allem Zeit, um in allen Teilen der Gesellschaft gleichermaßen anzukommen.

MJ: Auch Konsum findet immer mehr digital statt, während der klassische Einzelhandel Einbußen verzeichnet. Was spricht Ihrer Meinung nach dafür, dass „Connected Retail" dieses Problem lösen könnte?

CR: Eine Grundprämisse des Handels ist es seit jeher, dem Kunden für seine persönliche Problemstellung ein optimales Angebot zu machen. Das schafft das Internet in seiner Gesamtheit und durch die Vernetzung verschiedener Services und Anbieter natürlich bestens.

Dennoch: Der Handel ist nicht tot! Eine große Chance für den Handel liegt beispielsweise darin, dass das Internet auch zu einem großen Teil aus Logistik besteht. Diese wird jedoch niemals vollkommen sein: Zwischen Bestellung und Lieferung des Produkts werden trotz des Einsatzes von Drohnen und Lieferungen noch am Tag der Bestellung immer Zeitabstände bleiben.

Im Einzelhandel bietet sich jedoch die Möglichkeit, Produkte an Ort und Stelle nicht nur zu erwerben, sondern zudem auch direkt zu testen und zu probieren. Daher besteht eine weitere Chance für Einzelhändler darin, dem Kunden ein entsprechendes Konsumerlebnis zu bieten – ein Bedürfnis, das durch das Internet niemals gleichwertig ersetzt werden wird. Und nicht zu vergessen: die persönliche Beratung im Geschäft. Denn persönliche Nähe und Gespräche bietet das Internet in dieser Form nicht.

Um das Konsumerlebnis zu verbessern, sollte der „Point of Sale" zum Beispiel stärker mit dem Internet verbunden werden. Dafür gibt es auch schon zahlreiche Praxisbeispiele, die sich im Alltag als erfolgreich erweisen. Ich war etwa neulich in Holland in einem Supermarkt. Kunden können dort ihre Kundenkarte in den Einkaufswagen stecken und erhalten auf Basis ihrer Nutzerdaten individuelle Angebote. So wie ich das verfolgt habe, haben dies auch tatsächlich sehr viele Kunden genutzt und so beispielsweise Sonderangebote auf Produkte erhalten, die sie beim letzten Besuch eingekauft haben.

Gleichzeitig wird es wohl immer Produkte geben, die man aus Dringlichkeit sofort vor Ort kaufen möchte. Warum aber nicht andere Produkte im Supermarkt einscannen und sich erst später nach Hause liefern lassen? Burberry geht teilweise sogar einen Schritt weiter und gestaltet neue Shops in der Logik von Online-Stores. So erhalten Kunden in der Umkleidekabine über Bildschirme Tipps, wie man gewählte Kleidungsstücke kombinieren kann und welche Produkte Kunden noch gekauft haben, die sich für das gleiche Kleidungsstück entschieden haben.

Auch hier sind die Möglichkeiten unbegrenzt, um mithilfe einer Verschmelzung von Digitalem und Analogem neue Konsumerlebnisse zu schaffen, die dem Kunden einen tatsächlichen Mehrwert bieten.

Interview mit Mark Sievers, Head of Consumer Markets, KPMG

Gesprächstermin: 29. September 2014, 15:00 Uhr
Gesprächsteilnehmer: Mark Sievers (MS), Marc Jerusel (MJ)

> **MJ: Wie haben sich die Konsumausgaben und -präferenzen In Deutschland während der letzten zehn Jahre in Grundzügen verändert?**

MS: Das kommt ein wenig auf die Perspektive an. Betrachtet man beispielsweise, welchen Teil die Deutschen von ihrem Einkommen sparen oder konsumieren, dann lag die Sparquote in den vergangenen Jahren ziemlich konstant bei 10 bis 11 %. Im internationalen Vergleich sind die Deutschen damit eine sparsame Nation.

Schaut man sich dagegen an, für welche Bereiche wir unser Einkommen ausgeben, dann wuchs der Anteil, den wir im Einzelhandel ausgegeben haben, marginal. Dies bewegt sich jedoch in etwa im Rahmen der Preissteigerungsrate, sodass wir unser Geld verstärkt in anderen Bereichen ausgeben, allen voran für Lebenshaltungskosten wie Miete, Energie und Gesundheit. Zudem investierten die Deutschen in den vergangenen zehn Jahren etwas stärker in Bildung oder Versicherungen.

Betrachtet man die Frage nach veränderten Konsumausgaben unter der Perspektive der Faktoren, *wie* wir nachfragen, dann lassen sich verschiedene Megatrends herauskristallisieren, die den Konsum stark beeinflussen. Ein zentraler

Punkt ist hierbei die Entstrukturierung des Alltags, die ausschlaggebend vom Internet beeinflusst wird. Die Art und Weise, wann und wo wir konsumieren, wird nicht mehr länger vorgeschrieben: Konsum geschieht dann, wenn wir Lust darauf haben.

Ein großer Einfluss auf den Konsum geht zudem natürlich auch vom demografischen Wandel aus: Wir werden immer weniger! Zwar wird die Anzahl der Haushalte mittelfristig noch einmal kurz ansteigen, die Haushalte sind jedoch deutlich kleiner als zum Beispiel noch vor 30 oder 40 Jahren. Das hat beispielsweise Auswirkungen auf die Anzahl an Haushaltsprodukten, die wir kaufen.

Nicht zuletzt wurde in der Vergangenheit verstärkt versucht, die sinkende Bevölkerungszahl durch Zuwanderung abzumildern. Zuwanderer weisen sich gemäß ihrer Sozialisation durch andere Konsummuster und -präferenzen aus, wofür neue Produkte auf dem Markt benötigt wurden.

MJ: Die Durchsetzung welcher drei Megatrends halten Sie für die kommenden zehn Jahre am wahrscheinlichsten?

MS: Auch hier spielt wieder die Perspektive eine Rolle, aus welcher man die Frage betrachtet. Aus Sicht der Industrie beispielsweise gehört das Thema „Data Analytics" in diesem Jahr zu den dringlichsten Themen. Punkte wie die Sicherheit von Daten, die Frage nach einer digitalen Unternehmensstrategie sowie die Verbesserung des Digital Engagement finden verstärkt ihren Weg auf die Agenda der Unternehmen.

Darüber hinaus gewinnt das Thema „Supply Chain Management" an Bedeutung, und damit alle Methoden, um Risiken in der Zuliefererkette von Unternehmen zu minimieren und nachhaltige Produktions- und Logistikprozesse sicherzustellen. Nicht zuletzt rücken vor allem für jene Unternehmen, die im Binnenmarkt keine Wachstumschancen mehr aufweisen, Fragen nach der internationalen Expansion ihres Geschäfts in den Vordergrund.

Auf Kundenseite hingegen steht vor allem die Individualisierung von Produkten und Service-Dienstleistungen auf dem Erwartungsprofil ganz oben. Gleichzeitig weist beispielsweise der Werte-Index von TNS Infratest und dem Trendforschungsbüro von Prof. Wippermann in diesem Jahr das Thema „Gesundheit" als Megatrend aus. Das bedeutet, dass beispielsweise der Trend zum Selftracking zunehmen wird, um das Leben möglichst gesund zu durchschreiten.

Unternehmen sind hierbei gefragt, entsprechende Produkte und Services auf den Markt zu bringen, und dabei natürlich auch auf deren Nachhaltigkeit zu achten. Nicht zuletzt wird natürlich auch die Digitalisierung unseren Alltag weiter verändern – eine Entwicklung, die nicht mehr aufzuhalten ist und die wir auch gar nicht aufhalten möchten.

MJ: Was spricht Ihrer Meinung noch dafür, dass das Internet den stationären Einzelhandel eines Tages nicht komplett unnötig macht?

MS: Bis dato gibt es keine Warengruppe, die nur noch über das Internet und damit vollkommen losgelöst vom Einzelhandel konsumiert wird. Aber natürlich gibt es Warengruppen, wie zum Beispiel Kleidung, Consumer Electronics oder auch Bücher, die verstärkt über das Internet bestellt werden, während beispielsweise Lebensmittel noch fast ausschließlich im stationären Einzelhandel gekauft werden.

Generell lässt sich jedoch sagen, dass der stationäre Einzelhandel wohl niemals aussterben wird. Das hat mehrere Gründe: Zum einen spielt die soziale Komponente beim Einkaufen und Shopping auch in Zukunft eine große Rolle, denn Kunden möchten individuell beraten werden. Außerdem kann das Shoppen im Internet das eigentliche Einkaufserlebnis nicht ersetzen. Auch die Verfügbarkeit von Produkten im stationären Einzelhandel spricht gegen sein Verschwinden: Was ich brauche, kann ich im Laden schließlich auch sofort mitnehmen, während Bestellungen im Internet immer mit Wartezeiten verbunden sind.

Beispiele wie das Zalando Outlet in Berlin zeigen zudem, dass eine Offline-Präsenz von Online-Marken förderlich sein kann, um Kunden die Gelegenheit zu bieten, Kleidung und damit auch die Marke an sich vor Ort direkt zu erleben.

MJ: Welche Chancen sehen Sie für „Mobile Payment" in Deutschland im Laufe der kommenden zehn Jahre?

MS: Es gibt vor allem vier Grundvoraussetzungen, die erfüllt sein müssen, um Mobile Payment in Deutschland zum Durchbruch zu verhelfen. Das sind zum einem das Vertrauen in entsprechende Dienste, außerdem die Einfachheit ihrer Bedienung, ein günstiger Preis sowie die Sicherheit von Kundendaten.

Es ist jedoch abzusehen, dass sich Mobile Payment bereits in absehbarer Zeit auch in Deutschland durchsetzen wird. Apple Pay könnte der Technologie tatsächlich zum Durchbruch verhelfen und für die notwendige Standardisierung und Reichweite sorgen, da es einfach zu verwenden ist. Gelingt Apple der Durchbruch, dann hätte dies auch auf weitere Lösungen eine positive Ausstrahlungskraft.

Am Ende wird dies dafür sorgen, dass mehr und mehr Konsumenten mobil bezahlen und auch vom Einzelhandel erwarten, dass entsprechende Einrichtungen im Ladengeschäft vorhanden sind.

Interview mit Jan Hendrik Hammer, wissenschaftlicher Mitarbeiter am Karlsruher Institut für Technologie (KIT)

Datum: 21. August 2014, 14 Uhr
Gesprächsteilnehmer: Marc Jerusel (MJ), Jan Hendrik Hammer (JH)

MJ: Das KIT forscht u. a. im Bereich Augmented-Reality-Systeme. Was beinhalten diese beiden Begriffe für Sie?

JH: „Augmented Reality" bedeutet übersetzt zunächst einmal „erweiterte Realität", während die entsprechenden Systeme AR realisieren. Durch AR wird die reale Welt mit Informationen angereichert. Da der Mensch über fünf Sinne verfügt, kommen hierbei natürlich verschiedene Varianten in Frage. Am Lehrstuhl für Interaktive Echtzeitsysteme (IES) des KIT beschäftigen wir uns bzgl. AR mit dem Sehsinn, also einer visuellen Erweiterung der Realität durch virtuelle Elemente, die über kopfgetragene Brillensysteme im realen Sichtfeld des Benutzers eingeblendet werden. Wir untersuchen, wie man mit diesen virtuellen Elementen interagieren kann, um AR-Anwendungen intuitiv bedienen zu können.

In Zukunft werden wir es verstärkt mit adaptiven Systemen zu tun haben, Systemen, die den Nutzer in gewissem Maße beobachten und sein Verhalten analysieren, zum Beispiel per Blick- und Gestenanalyse. Die gesammelten Daten lösen dann eine entsprechende Reaktion des Systems aus, die dem Nutzer zum Beispiel durch AR unmittelbar mitgeteilt werden kann. Anstelle einer unidirektionalen Steuerung kann man dann sogar von bidirektionaler Kommunikation zwischen Mensch und Maschine sprechen. Solche Systeme können zum persönlichen, aktiven Assistenten ihres Besitzers werden.

MJ: Ein Fokus Ihrer Forschung liegt auf kopfgetragenen Brillensystemen. Können Sie deren Funktionsweise in ein paar wenigen Sätzen darstellen?

JH: Die Brillensysteme ermöglichen es, virtuelle Informationen direkt in der realen Welt darzustellen. Wir sprechen hier auch von sogenannter optical see-through AR, was verdeutlicht, dass Nutzer durch die Brillengläser hindurchsehen können und dabei Bilder, Animationen, Texte usw. direkt vor Augen haben, als würden diese Teil des wirklichen Sichtfeldes sein.

MJ: Welche weiteren Devices können neben Brillensystemen für AR eingesetzt werden?

JH: Im Gegensatz zu optical see-through gibt es video see-through AR, bei der Benutzer mithilfe der Kamerafunktion ihres Smartphones oder Tablets virtuelle AR-Elemente auf dem Kamerabild der realen Welt angezeigt bekommen. Die Visualisierung ist hier technologisch einfacher, weil nur Bilder bearbeitet werden müssen, und so ein hoher Farbkontrast erzielt werden kann, die Elemente verschmelzen aber nicht mit der realen Welt wie bei optical see-through AR. Apps gibt es fürs Smartphone bereits, zum Beispiel um einem beim Skifahren die Namen umliegender Berge anzuzeigen. Forscher arbeiten aber auch an anderen AR-Technologien, mit denen man AR-Elemente über Kontaktlinsen darstellt oder per Laser direkt auf die Netzhaut des Auges abbildet. Das ist jedoch noch Zukunftsmusik.

MJ: Ist AR nur eine nette Spielerei, oder sehen Sie einen tatsächlichen Mehrwert für den Endverbraucher?

JH: Der größte Mehrwert von AR-Systemen – und dieser ist für mich völlig anwendungsunabhängig – liegt für mich vor allem darin, dass Informationen wirklich unmittelbar dargestellt werden können, ohne dass hierfür weitere Devices wie Smartphones benötigt werden. Man kann das vielleicht mit der Entwicklung von Smartphones und dem mobilen Internet vergleichen: Diese haben es ermöglicht, noch schneller an Informationen zu kommen oder beispielsweise Fotos innerhalb von Sekunden mit Freunden teilen zu können, ohne diese erst mühselig von einer Digitalkamera auf den Laptop ziehen und anschließend per E-Mail versenden zu müssen. Informationen sind leichter austauschbar und schneller auffindbar, weil man das Internet quasi in seiner Tasche hat. Diese Zeitersparnis treibt AR noch weiter, weil der Blick auf das Smartphone wegfällt und besonders ortsbezogene Informationen schneller verstanden werden.

MJ: In welchen Bereichen sehen Sie die größten Potenziale für AR-Systeme, wenn Sie an den alltäglichen Konsum denken?

JH: Eines der größten Potenziale sehe ich tatsächlich im Bereich der Navigation durch Einkaufsstraßen und einzelne Läden. Auch aus Unternehmenssicht: Diese können per AR auf bestimmte Shops, Produkte oder Angebote aufmerksam machen, sobald sich der Konsument diesen nähert. Dies kann vor allem komplett individualisiert geschehen, nachdem das AR-System beispielsweise die Blicke des Konsumenten analysiert hat. Und nicht zuletzt können beim Betrachten eines Produkts direkt Informationen zu Funktionsweise, Preis etc. des Objekts erscheinen, was Verbraucher bei ihrer Kaufentscheidung unterstützt.

MJ: Was muss die AR-Entwicklung beachten, um den Konsumenten vollends von sich zu überzeugen?

JH: Die Möglichkeit für Unternehmen, Werbung über AR-Systeme zu schalten, sollte sicherlich keineswegs missbraucht werden. Verbraucher sollten lediglich mit sinnvollen, für sie persönlich relevanten Informationen versorgt werden. AR-Systeme sollten daher wirklich zu einer Art „Personal Assistant" werden und den Nutzer nicht mit Informationen überfluten, wozu AR-Systeme jedoch aufgrund der individuell gesammelten Daten natürlich prädestiniert sind. Vielleicht wird es dann Ad-Blocker geben, die überflüssige Werbung vermeiden, wie wir es heute schon von verschiedenen Internetbrowsern kennen.

Und natürlich spielt hier auch das Thema Datenschutz eine große Rolle. Wenn Gespräche zum Beispiel per Google Glass unbemerkt aufgenommen oder ohne Einwilligung Bilder anderer Personen geschossen werden können, werden AR-Systeme dafür sorgen, dass die Kommunikation unter den Menschen abflacht und oberflächlicher wird, sobald einer im Kreis eine AR-Brille trägt.

Was Sie aus diesem Essential mitnehmen können

- Privatkonsum wird sich in Zukunft stärker online und mobil abspielen; von einem Aussterben des stationären Einzelhandels kann jedoch keine Rede sein.
- Stationäre Einzelhändler stehen vor der Herausforderung, der digitalen Konkurrenz zu trotzen, indem sie die Digitalisierung des Alltags als Chance begreifen.
- Die Entstrukturierung des Alltags wird sich genauso fortsetzen wie die Glokalisierung von Einzelhandel und Produktangebot.
- Konsummuster entwickeln sich permanent weiter, weshalb eine finale Vorhersage ihrer Zukunft unmöglich ist.
- Im Essential „Konsumentenverhalten im Zeitalter von Mass Customization" erfahren Sie mehr über die Trends Individualisierung, nachhaltiger Konsum und kollaborativer Konsum.

© Springer Fachmedien Wiesbaden 2015   41
A. Ternès et al., *Konsumentenverhalten im Zeitalter der Digitalisierung*, essentials,
DOI 10.1007/978-3-658-09400-3

Literatur

Apple. 2014. Apple pay: Your wallet. Without the wallet. apple.com. https://www.apple.com/apple-pay/. Zugegriffen: 30. Dez. 2014.

Atlas der Globalisierung. 2006. Hfrei. http://www.hfrei.info/Globalisierte%20Unternehmen/_pages/Struktur_Welthandels.html. Zugegriffen: 29. Dez. 2014.

Beitel, Patrick, et al. 2012. Bereit für die nächste Milliarde Konsumenten. McKinsey – Akzente 3/2012. http://www.mckinsey.de/sites/mck_files/files/Akzente_3.2012_Wachstumsstrategien.pdf. Zugegriffen: 5. Sept. 2014.

Bialdiga, Kirsten. 2014. Zalando drängt in die Innenstadt. Süddeutsche.de. http://www.sueddeutsche.de/wirtschaft/2.220/online-handel-laden-als-labor-1.2283358. Zugegriffen: 30. Dez. 2014.

Boytchev, Hristio. 2014. Quantified-Self-Bewegung – Miss dich selbst. Spiegel Online. http://www.spiegel.de/gesundheit/ernaehrung/quantified-self-bewegung-miss-dich-selbst-a-886149.html. Zugegriffen: 2. Okt. 2014.

Bundeszentrale für politische Bildung. 2011. Glokal/Glokalisierung. http://www.bpb.de/nachschlagen/lexika/politiklexikon/17524/glokal-glokalisierung. Zugegriffen: 26. Okt. 2014.

Bundeszentrale für politische Bildung. 2013. Konsum. http://www.bpb.de/nachschlagen/lexika/lexikon-der-wirtschaft/19828/konsum. Zugegriffen: 12. Sept. 2014.

CHIP Redaktion. 2014. Die ganz große Apple-Show. CHIP online. http://www.chip.de/news/Apple-Pay-So-bezahlen-Sie-mit-dem-iPhone-6_72585145.html. Zugegriffen: 18. Okt. 2014.

Czerski, Piotr. 2012. Wir, die Netz-Kinder. Zeit Online. http://www.zeit.de/digital/internet/2012-02/wir-die-netz-kinder. Zugegriffen: 2. Sept. 2014.

Deloitte. 2012. Zukunft des Handels. http://www.zukunftdeshandels.de/sites/default/files/downloadable-books/121120_coffeetablebook_final_klein.pdf. Zugegriffen: 18. Sept. 2014.

Ebay. 2014. ebay now. ebay.com. http://pages.ebay.com/ebaynow/. Zugegriffen: 30. Dez. 2014.

Endres, Alexandra. 2012. Unsere Ernährung schadet dem Klima mehr als der Verkehr. Zeit Online. http://www.zeit.de/wirtschaft/2012-11/klima-ernaehrung-wwf. Zugegriffen: 19. Sept. 2014.

© Springer Fachmedien Wiesbaden 2015
A. Ternès et al., *Konsumentenverhalten im Zeitalter der Digitalisierung*, essentials,
DOI 10.1007/978-3-658-09400-3

Fuchs, Jochen G. 2014a. Philips sagt Apples iBeacon mit lichtbasierter Indoor-Navigation den Kampf an. T3n online. http://t3n.de/news/philips-apples-ibeacon-indoor-navigation-529557/. Zugegriffen: 19. Sept. 2014.

Fuchs, Jochen G. 2014b. Wenn Offline von Online lernt: Big Data für den stationären Handel. T3n online. http://t3n.de/news/offline-analyse-tracking-536666/. Zugegriffen: 8. Okt. 2014.

Fuhrmann, Isabelle. 2014. Deutscher Handelskongress 2014 – „Der Handel bleibt, aber anders." Ap-Verlag.de. http://ap-verlag.de/deutscher-handelskongress-2014-der-handel-bleibt-aber-anders/4936/. Zugegriffen: 29. Dez. 2014.

Gemalto. 2014. Gemalto #IoTMaker Challenge. http://m2m.gemalto.com/home/gemalto-iot-maker-challenge.html. Zugegriffen: 18. Okt. 2014.

Gibbs, Samuel. 2014. Oral B's smart toothbrush lets dentists spy on your brushing. The Guardian online. http://www.theguardian.com/technology/2014/feb/26/oral-b-smart-toothbrush-dentists-spy-on-your-brushing. Zugegriffen: 2. Okt. 2014.

Google. 2014. Google glass – How it looks. google.com. http://www.google.com/glass/start/how-it-looks/. Zugegriffen: 30. Dez. 2014.

Hansen, Nele. 2014. Online-Handel stößt in neue Umsatzliga vor. http://www.wiwo.de/unternehmen/handel/e-commerce-online-handel-stoesst-in-neue-umsatzliga-vor/9500588.html. Zugegriffen: 20. Okt. 2014.

Hausmann, et al. 2014. Wenn der Postmann abends klingelt. McKinsey – Akzente 1/2014, S. 38-43. http://www.mckinsey.de/sites/mck_files/files/akzente_14_01.pdf. Zugegriffen: 20. Aug. 2014.

Horx, Matthias. 2010a. Trenddefinitionen. Matthias Horx Homepage. http://www.horx.com/zukunftsforschung/Docs/02-M-03-Trend-Definitionen.pdf. Zugegriffen: 15. Sept. 2014.

Horx, Matthias. 2010b. Trendforschung – eine kleine Einführung. Matthias Horx Homepage. http://www.horx.com/zukunftsforschung/Docs/02-M-02-Trendforschung.pdf. Zugegriffen: 15. Sept. 2014.

Hubschmid, Maris, und Heike Jahberg. 2014. Der Supermarkt der Zukunft. Der Tagesspiegel online. http://www.tagesspiegel.de/wirtschaft/einkaufen-als-erlebnis-der-super-markt-der-zukunft/9288012.html. Zugegriffen: 8. Okt. 2014.

Hunkemöller. 2014. Shoppen Sie online – Versandkosten entfallen. Click &Collect. Hunkemöller Website. http://www.hunkemoller.de/de_de/kundenservice/clickandcollect.html. Zugegriffen: 17. Okt. 2014.

Ibi research. 2014. Digitalisierung der Gesellschaft. eSales4u. http://www.esales4u.de/2014/studie-einfluss-digitalisierung.php. Zugegriffen: 29. Dez. 2014.

IKEA. 2014. The IKEA catalogue: Access extended digital content on your smart phone or tablet. Ikea.com. http://www.ikea.com/ms/en_SG/virtual_catalogue/online_catalogues.html. Zugegriffen: 30. Dez. 2014.

Indvik, Lauren. 2011. Topshop lets shoppers try on clothes virtually in Moscow store [VIDEO]. Mashable website. http://mashable.com/2011/05/10/topshop-augmented-reality-fitting-room/. Zugegriffen: 3. Okt. 2014.

Indvik, Lauren. 2012. Why Burberry wants to bring the online experience to stores, and not vice versa. Mashable website. http://mashable.com/2012/09/24/burberry-regent-street-christopher-bailey/. Zugegriffen: 3. Okt. 2014.

Inifa. 2014. Demographischer Wandel in Deutschland. Inifa. http://www.inifa.de/demographische-wandel/. Zugegriffen: 29. Dez. 2014.

Jüngling, Thomas. 2013. Ikea-App projiziert Möbel in die eigene Wohnung. Die Welt online. http://www.welt.de/wirtschaft/webwelt/article119525750/Ikea-App-projiziert-Moebel-in-die-eigene-Wohnung.html. Zugegriffen: 5. Okt. 2014.

Karstadt. 2014. Click &collect. Online bestellen, bei Karstadt abholen. Karststadt Website. http://www.karstadt.de/click-and-collect-lieferung-an-filiale.html?src=90L100001. Zugegriffen: 17. Okt. 2014.

Kroker, Michael. 2013. M-Commerce in Europa: Wachstum plus 142%; Anteil am E-Commerce 3,9%. Wirtschaftswoche online/Kroker's Look @ IT: http://blog.wiwo.de/look-at-it/2013/04/18/m-commerce-in-europa-wachstum-plus-142-prozent-anteil-am-e-commerce-39-prozent/. Zugegriffen: 26. Okt. 2014.

Locke, Stefan. 2013. Alice shoppt hier nicht mehr. Frankfurter Allgemeine Zeitung online. http://www.faz.net/aktuell/gesellschaft/sterbende-innenstaedte-alice-shoppt-hier-nicht-mehr-12195099.html. Zugegriffen: 17. Okt. 2014.

Lorenzen, Meike. 2013. Augmented Reality – Die Welt mit neuen Augen sehen. Wirtschaftswoche online. http://www.wiwo.de/technologie/digitale-welt/innovationen-vertrieb-wie-lego-den-spielzeugladen-revolutioniert/8554884-2.html. Zugegriffen: 19. Sept. 2014.

Lünendonk. 2012. Trends im Handel verändern Organisation und Prozesse. In *Big Data im Einzelhandel. Chancen und Herausforderungen*, Hrsg. Lünendonk. http://luenendonk-shop.de/out/pictures/0/lue_trendpapier_handel_sas_f090712_fl.pdf. Zugegriffen: 4. Sept. 2014.

N24. 2014. Kühlschrank und Waschmaschine schlagen Fernseher. N24 online. http://www.n24.de/n24/Nachrichten/Wirtschaft/d/5339704/kuehlschrank-und-waschmaschine-schlagen-fernseher.html. Zugegriffen: 2. Okt. 2014.

Pfadenhauer, Michaela. 2004. Wie forschen Trendforscher? Zur Wissensproduktion in einer umstrittenen Branche. Forum Qualitative Sozialforschung. http://www.forschungsnetzwerk.at/downloadpub/2004_Wissensproduktion_trendforschung_m_pfadenhauer.pdf. Zugegriffen: 15. Sept. 2004.

Pohlgeers, Michael. 2014. Wearables – Ebay immer am Handgelenk. http://www.online-haendler-news.de/handel/internationales/5226-zero-effort-commerce-Ebay-am-handgelenk.html. Zugegriffen: 3. Okt. 2014.

Reier, Sebastian. 2009. Im Plattenladen. ZEIT ONLINE. http://www.zeit.de/2009/45/WOS-Plattenspieler. Zugegriffen: 20. Okt. 2014.

Rust, Holger. 2008. *Zukunftsillusionen. Kritik der Trendforschung*. Wiesbaden: VS Verlag für Sozialwissenschaften.

Sauer, Stefan. 2013. Die Zukunft des Einkaufens. Frankfurter Rundschau online. http://www.fr-online.de/wirtschaft/online-einkauf-die-zukunft-des-einkaufens,1472780,21378030.html. Zugegriffen: 18. Sept. 2014.

Seibel, Karsten. 2013. Wie wir in Zukunft unsere Einkäufe bezahlen werden. Die Welt online. http://www.welt.de/finanzen/verbraucher/article117379307/Wie-wir-in-Zukunft-unsere-Einkaeufe-bezahlen-werden.html. Zugegriffen: 10. Okt. 2014.

Sommer, Sarah. 2013. Warum Amazon weiß, was Ihre Frau mag. Manager Magazin online. http://www.manager-magazin.de/unternehmen/handel/big-data-analyse-im-online-handel-a-935555.html. Zugegriffen: 6. Okt. 2014.

Statistische Ämter des Bundes und der Länder. 2011. Demografischer Wandel in Deutschland. Bevölkerungs- und Haushaltsentwicklung im Bund und in den Ländern. https://www.destatis.de/DE/Publikationen/Thematisch/Bevoelkerung/VorausberechnungBevoelkerung/BevoelkerungsHaushaltsentwicklung5871101119004.pdf?__blob=publicationFile. Zugegriffen: 2. Okt. 2014.

Stierhof, Franca, und Sebastian Driemer. 2014. Regalscanner, Funkzahlung und 3D-Schaufenster. Bayerischer Rundfunk online. http://www.br.de/radio/bayern2/gesellschaft/notizbuch/einkaufen-shopping-zukunft-100.html. Zugegriffen: 21. Feb. 2015.

Watson, Richard. 2014. Table of trends and technologies for the world in 2020. What's next. http://www.nowandnext.com/?action=misc&subaction=trend_maps. Zugegriffen: 29. Dez. 2014.

Wenig, Peter. 2014. Einzelhandel – Überleben im Zeitalter des Internets. Die Welt online. http://www.welt.de/regionales/hamburg/article113486819/Einzelhandel-Ueberleben-in-Zeiten-des-Internets.html. Zugegriffen: 17. Okt. 2014.

Wickel, Horst Peter. 2013. Oma und Opa sind die Zukunft des Einzelhandels. Die Welt online. http://www.welt.de/regionales/muenchen/article120413453/Oma-und-Opa-sind-die-Zukunft-des-Einzelhandels.html. Zugegriffen: 16. Sept. 2014.

WÜRTH. 2014. Die WÜRTH App – Click &Collect. WÜRTH Website. http://www.wuerth.de/web/de/awkg/unternehmen/aktuelles/wuerth_app/wuerth_app_cc.php. Zugegriffen: 17. Okt. 2014.

Zukunft des Handels/Bezahlen. 2012. Zahlungsmethoden. Studie von Deloitte im Auftrag von Ebay. http://www.zukunftdeshandels.de/bezahlung. Zugegriffen: 18. Sept. 2014.

Zukunft des Handels/Erwartungen. 2012. Standards aus Verbrauchersicht. Studie von Deloitte im Auftrag von Ebay. http://www.zukunftdeshandels.de/erwartungen. Zugegriffen: 18. Sept. 2014.

Zukunft des Handels/Inspiration. 2012. Inspiration beim Online-Einkauf. Studie von Deloitte im Auftrag von Ebay. http://www.zukunftdeshandels.de/inspiration. Zugegriffen: 18. Sept. 2014.

Zukunft des Handels/Logistik. 2012. Same day delivery. Studie von Deloitte im Auftrag von Ebay. http://www.zukunftdeshandels.de/logistik. Zugegriffen: 18. Sept. 2014.

Zukunft des Handels/Omnichannel. 2012. Einkaufskanäle. Studie von Deloitte im Auftrag von Ebay. http://www.zukunftdeshandels.de/omnichannel/ergebnisse. Zugegriffen: 18. Sept. 2014.

Zukunft des Handels/Technologie. 2012. Augmented Reality. Studie von Deloitte im Auftrag von Ebay. http://www.zukunftdeshandels.de/technologie. Zugegriffen: 18. Sept. 2014.